SABINE HOJER

Antike Götter

WOCHEN
SCHAU
VERLAG

Bibliografische Information der Deutschen Nationalbibliothek

Die Deutsche Nationalbibliothek verzeichnet diese Publikation in der Deutschen Nationalbibliografie; detaillierte bibliografische Daten sind im Internet über http://dnb.d-nb.de abrufbar.

 In Zusammenarbeit mit dem
MPZ, Museumspädagogisches Zentrum München

museums
pädagogisches
zentrum

© by WOCHENSCHAU Verlag
   Schwalbach/Ts. 2012

www.wochenschau-verlag.de

Text: Sabine Hojer
Wissenschaftliche Beratung: Dr. Florian Knauß, Dr. Jörg Gebauer
Grafik: k2o, Klaus Ohl, Wiesbaden
Gesamtherstellung: Wochenschau Verlag

ISBN 978-3-89974812-3

Inhaltsverzeichnis

→ verweist auf ein eigenes Kapitel

◎ verweist auf das Kapitel „Namen und Begriffe" ab Seite 98

Vorwort

Die Zeit, in der die antiken Götter von den Menschen verehrt wurden, liegt schon lange zurück. Und doch sind sie aus unserer heutigen Welt nicht wegzudenken. Bis in unsere Zeit tauchen antike Götter immer wieder in Gemälden, Skulpturen, Büchern, Theaterstücken oder in der Musik auf – aber auch in Filmen, Comics oder in Namen von Produkten und Firmen. Wer sich ein bisschen umschaut, begegnet ihnen fast überall.

Besonderen Spaß macht das Suchen und Ansehen aber vor allem dann, wenn man weiß, um welche Gottheit es sich handelt und was dargestellt ist. Um dir dabei zu helfen und dich neugierig zu machen, haben wir vom Museumspädagogischen Zentrum dieses kleine Buch gemacht. In ihm stellen wir dir die wichtigsten antiken Götter vor, zeigen dir Abbildungen von ihnen und geben dir Hinweise, woran du sie erkennen kannst. Doch die antiken Götter haben noch viel mehr zu bieten: Denn zu jeder Gottheit gibt es richtig spannende Geschichten. Die wichtigsten findest du ebenfalls in diesem Buch zum Nachlesen. Ausdrücke, die du vielleicht nicht kennst, erklären wir dir am Ende des Buches.

Weil das Buch so handlich ist, kannst du es auch überallhin mitnehmen und an Ort und Stelle nachsehen, wenn du eine antike Gottheit entdeckt hast: in einem Museum, einem Schloss oder einem Park oder einfach auf einem Spaziergang in deiner Umgebung.

Wir wünschen dir viel Spaß beim Lesen, Schauen und Entdecken!

Dr. Josef Kirmeier, Leiter des MPZ

Antike Göttinnen und Götter

Die Griechen und die Römer verehren nicht einen einzigen Gott, sondern verschiedene Göttinnen und Götter. Diese sind durch Verwandtschaftsverhältnisse miteinander verbunden. Sechs der Götter und Göttinnen, die auf dem ◎ Olymp, in der Unterwelt oder über die Meere herrschen, sind Geschwister: →Zeus, →Hera, →Poseidon, →Hestia, →Hades und →Demeter. Sie sind Kinder der ◎ Titanen ◎ Rhea und ◎ Kronos. Dazu kommen noch zahlreiche andere Götter.

Die Götterwelt bei den Griechen und Römern ist eine ganz eigene Welt. Und doch erscheint uns manches vertraut. Die Gottheiten sehen fast alle aus wie Menschen. Aber sie sehen nicht nur so aus, sondern sie verhalten sich auch so. Oft haben sie ausgeprägte Charaktereigen-

Götter-versammlung, Amphora, griechisch, 500 v. Chr., Staatliche Antikensammlungen München

schaften, die nicht immer vorbildlich sind. Sie leben in Familienverbänden, die meist etwas unübersichtlich sind. Fast alle sind sie miteinander verwandt. Sie lieben und sie hassen, sie streiten und sie versöhnen sich miteinander. Unter den Menschen haben sie Lieblinge, aber auch Feinde. Manche Städte begünstigen sie, anderen wollen sie schaden. Und da treten sie durchaus in Konkurrenz zueinander. Im ◎ Trojanischen Krieg steht ein Teil der Götter auf der Seite der Trojaner, ein anderer auf der Seite der Griechen. Aber auch nach Streitigkeiten finden sie bald wieder zusammen. Um das Unheil, das sie unter den Menschen anrichten,

Antike Göttinnen und Götter

kümmern sie sich nicht. Sie sind schön und mächtig, wenngleich nicht allmächtig. Krankheiten kennen sie nicht. Vor allem aber bleiben sie ewig jung und sind unsterblich.

Immer wieder gehen sie mit den Menschen Liebesbeziehungen ein. Viele griechische und römische Adelsgeschlechter führen daher ihren Ursprung auf Götter oder Göttinnen zurück. Da die Götter nicht nach moralischen Grundsätzen handeln, fühlen sich die Menschen oft der Willkür der Götter ausgeliefert.

Zwölf Götter

Wenn man von den griechischen Göttern spricht, wird immer wieder die Zahl Zwölf genannt.

Schon sehr früh, im Jahr 520 v. Chr., wurde auf dem Marktplatz in Athen ein Zwölfgötteraltar errichtet. Wir wissen aber nicht, welchen Göttern er geweiht war. Am Fries des Parthenon, des berühmtesten griechischen Tempels, sind zwölf Götter zu sehen:
Zeus, Hera, Poseidon, →Athena, →Ares, →Aphrodite, →Apollon, →Artemis, →Hephaistos, →Dionysos, →Hermes und Demeter.

Von ihnen muss man die olympischen Götter unterscheiden, also die Götter, die auf dem Olymp wohnen: Es sind Zeus, Poseidon, Hera, Demeter, Apollon, Artemis, Athena, Ares, Aphrodite, Hermes, Hephaistos, Hestia, ◉ Hebe, ◉ Eileithyia, Herakles (siehe S. 81 f.) und Dionysos. Da Hades und →Persephone in der Unterwelt wohnen, gehören sie nicht dazu.

Die Friedensgöttin Eirene als Mutter des aufkeimenden Reichtums, um 370 v. Chr., Glyptothek München

Welche Götter verehrt werden, ist nicht von vorneherein festgelegt. Es werden immer wieder neue Götter eingeführt. So wird zum Beispiel aus Ägypten der Kult der Isis übernommen, die in Ägypten als Mischwesen aus Mensch und Tier oder als Mensch dargestellt wird. In der griechischen und römischen Kunst ist sie eine bekleidete Göttin, die ein Doppelfüllhorn hält. Das Füllhorn verweist auf die Fruchtbarkeit Ägyptens.

Auch Begriffe wie „Friede" oder „Schicksal" werden als Gottheiten verehrt. Nach einem Friedensschluss von 374 v. Chr. wurde in Athen eine überlebensgroße Statue der Friedensgöttin Eirene aufgestellt. Auf ihrem linken Arm trägt sie den kleinen Knaben Plutos. Er ist der Gott des Reichtums, der die Früchte der Felder wachsen lässt.

In Rom wurden Gottheiten der Natur verehrt, zum Beispiel Ops, die Ernte. Unter dem Einfluss der Griechen begannen die Römer im 5. Jahrhundert v. Chr. ihre Götterwelt an die der Griechen anzupassen. Häufig wurden auch Götter übernommen, die von anderen Völkern verehrt wurden.

Asklepios stammt ursprünglich aus ◎ Thessalien und ist im Laufe der Zeit zu einem Gott geworden, der in ganz Griechenland verehrt wird. Er ist ein wundertätiger Arzt, der vielen Menschen das Leben rettet und sogar Tote zum Leben erwecken kann. Doch da werden die Götter auf ihn aufmerksam, weil zu wenig Menschen sterben. Hades beschwert sich bei seinem Bruder Zeus darüber, dass keine Toten mehr in die Unterwelt kommen. Daraufhin tötet Zeus Asklepios mit seinem Blitz. Der Wunderheiler wird von den Griechen jedoch so verehrt, dass sie ihm Kultstätten errichten und ihn als Gott verehren. Sein Stab, um den sich eine Schlange windet, ist noch heute ein Zeichen der Ärzte und Apotheker.

Andererseits gibt es Gottheiten, die immer nur an einer Stelle verehrt werden. Für die Nymphe (siehe S. 89) Aphaia wurde auf der Insel Ägina ein Tempel errichtet. Die Verehrung der Aphaia blieb immer auf diese Insel beschränkt.

Auch Herrscher werden zu Göttern erhoben. Alexander der Große beansprucht schon zu Lebzeiten, ein Göttersohn zu sein. Später wird er als Gott verehrt. Der römische Kaiser ◎ Augustus wird nach seinem Tod im Jahre 14 n. Chr. zum Gott erklärt. Für seinen Kult wird eine eigene Priesterschaft gegründet.

Asklepios,
Detail aus einem Weihereliefs, griechisch, um 200 v. Chr., Glyptothek München

Der Aphaiatempel auf Ägina

Die Bewohner der Insel Ägina waren einst mächtig und reich. Zu Ehren der Nymphe (siehe S. 89) Aphaia errichteten sie in der Zeit zwischen 500 und 490 v. Chr. einen großen Tempel. Er ist 12,40 Meter hoch, 13,80 Meter breit und 28,80 Meter lang und steht auf einer Anhöhe. Der dunkle Innenraum, in dem das Standbild der Göttin steht, ist ringsum von Säulen umgeben.

Modell des Aphaiatempels, Glyptothek München

Auf dem Säulenkranz ruht ein Giebeldach. In den dreieckigen Giebelfeldern sind lebensgroße Figuren eingefügt. In beiden Giebelfeldern wird der Kampf um Troja dargestellt.

Da es eine große und unübersichtliche Zahl von Göttern gibt, ist es wichtig, keinen zu vergessen. So findet der christliche Apostel Paulus auf seiner Reise durch Griechenland mitten in Athen einen Altar, der einem unbekannten Gott geweiht ist. Die Gläubigen haben Angst, dass sie einen Gott vernachlässigt haben könnten und dieser sich rächen würde. Dieser Gefahr wollen sie mit dem Altar vorbeugen.

Antike Göttinnen und Götter

Götterverehrung im Heiligtum

Die Göttinnen und Götter

Zu den antiken Gottheiten gibt es viele verschiedene Überlieferungen. Die Bildhauer stellen sie in Statuen oder auf Reliefs dar, die Vasenmaler zeigen sie auf Bildern, und die Dichter berichten von ihnen in Gedichten, Erzählungen und Theaterstücken. Die verschiedenen Künstler erzählen auch verschiedene Geschichten zu den Gottheiten.

In diesem Buch werden deshalb die sechzehn wichtigsten Gottheiten vorgestellt.

Jeder Gott und jede Göttin hat einen oder mehrere „Aufgabenbereiche". Im Krieg wenden sich die Griechen an einen anderen Gott als bei dem Wunsch nach Kindern.

Die Menschen beten zu den Göttern und Göttinnen, wenn sie auf die Erfüllung eines Wunsches hoffen oder wenn sie sich bedanken wollen. Es ist üblich, den zehnten Teil seines Gewinnes den Göttern zu geben. Oft bringen die Menschen auch Geschenke oder Votivgaben, mit denen sie sich für die Erfüllung ihrer Bitte oder die Rettung aus einer Notlage bedanken, in die Heiligtümer. Zum Beispiel geben sie die Nachbildung eines Beines, um sich für die Heilung zu bedanken. Geweiht werden auch Waffen, Schmuck und Geräte wie Kessel oder ◎ Dreifüße.

In der Frühzeit sind die heiligen Stätten sehr schlicht gestaltet. Am Anfang des Kultes steht immer ein Altar, um den herum sich das Heiligtum entwickelt. Später beginnt man, Tempel aus Marmor zu bauen. Im Inneren steht die Statue der Gottheit. Die Gläubigen dürfen nur selten hineingehen. Der Opferaltar steht vor dem Tempel im Freien.

Zu Ehren der Gottheit können auch sportliche Wettkämpfe, Theater- und Tanzaufführungen stattfinden.

Auf dem Weiherelief, das auf der nächsten Seite abgebildet ist, ist eine Familie dargestellt, die kommt, um einem Götterpaar zu opfern. Vater, Mutter und Kinder stehen hinter und neben dem Altar. Eines der Kinder trägt das Opfertier, einen Hahn. Ganz rechts sitzt Asklepios, der Gott der Gesundheit, auf einem prächtigen Thron. Er ist sehr groß dargestellt, denn Götter sind wichtiger und mächtiger als Menschen. Vor ihm steht

Götterverehrung im Heiligtum

seine Tochter Hygieia, die Göttin der Gesundheit. Weiter links stehen auf einer Säule zwei Statuen. Es sind →Apollon und seine Schwester →Artemis, die an diesem heiligen Platz verehrt werden. Trotzdem kann dort anderen Göttern geopfert werden. Denn die Griechen stellen sich vor, dass die Götter kommen und das Opfer persönlich entgegennehmen.

Weiherelief, griechisch, um 200 v. Chr., Glyptothek München

Delphi ist der berühmteste Orakelort der Antike. Ihn umgeben viele Geheimnisse. Einst wohnte dort ein schlangenartiger Drache, der das Orakel bewachte. Apollon tötete ihn mit einem Pfeil. Seitdem ist Apollon der Gott des Orakels. Mit diesem verbunden sind auch die delphischen Wettkämpfe, die Pythien. Die Frau, die das Orakel sprach, die Pythia, saß in einem eigenen Raum über einer Erdspalte, aus der Dämpfe aufstiegen, die sie in Trance versetzten. Sowohl Privatleute als auch Abgesandte von Städten kamen, um das Orakel zu befragen. Die Antworten waren oft rätselhaft.

Häufig wurden Weihegeschenke nach Delphi gebracht, oft wegen einer gewonnenen Schlacht. Um die Geschenke angemessen aufzubewahren, errichteten verschiedene Städte und Inselstaaten Schatzhäuser. Noch heute sind 28 dieser Häuser nachweisbar.

Heilige Stätten wie Delphi und Olympia wurden zu Wirtschaftszentren. Dort siedelten sich Handwerksbetriebe an, die Votivgaben anfertigten. Für die Pilger entstanden Herbergen und Gaststätten.

Das Heiligtum von Delphi im Modell, Staatliche Antikensammlungen München

Die Opfer

Es gibt die unterschiedlichsten Formen der Götterverehrung: Man kann einfach zu den Göttern beten, Familien können ein Opferfest veranstalten, oder die Stadt bzw. der Staat organisiert mehrtägige Opferfeste.

Um die Götter und Göttinnen wohlwollend zu stimmen, ist es nötig, dass das Opferfest immer gleich und ohne Fehler abläuft. Meist werden Tiere geopfert, Göttern männliche und Göttinnen weibliche Tiere. Die Tiere sollen makellos und sehr schön sein. Durch besondere Großzügigkeit will man bewirken, dass die Götter den Wunsch der Menschen erfüllen. So hofft man, das Schicksal beeinflussen zu können. Das Opfertier wird geschmückt und in einem feierlichen Zug zum Altar gebracht. Zuerst wird gebetet, dann werden Haare des Opfertieres abgeschnitten und auf dem Altar verbrannt. Das Tier wird mit Wasser besprengt und mit Gerstenkörnern beworfen. Damit ist es den Göttern geweiht und kann geschlachtet werden. Die Halsschlagader wird aufgeschnitten und das Blut aufgefangen. Mit dem Blut werden die Seitenwände des Altars bestrichen. Dann nimmt man die Eingeweide heraus. Wenn sie glatt und makellos sind, werden die Götter das Opfer annehmen. Anschließend wird das Tier zerlegt. Um die Knochen der Oberschenkel wird Fett gewickelt. Dies ist der Anteil der Götter, der auf dem Altar verbrannt wird. Der Rauch steigt in den Himmel auf, und der Geruch erfreut die Götter. Den Rest, das gute Fleisch, essen die Menschen, gebraten oder gekocht. In Athen zu Zeiten der Demokratie wird genau darauf geachtet, dass jeder Bürger den gleichen Anteil erhält.

Die Götter der Unterwelt besitzen keinen Altar. Ihnen opfern die Menschen direkt in den Erdboden hinein. Das Blut des Tieres wird von der Erde aufgenommen und das Tier selbst vollständig verbrannt.

Als Gabe für die Götter werden auch Tanz, Gesang und Gedichte betrachtet. Priester sind nicht unbedingt nötig, vollziehen aber oft die Opfer. Jeder Priester dient einem bestimmten Gott in einem konkreten Heiligtum. Es gibt auch besondere Priester, die Träume, den Flug der Vögel oder Orakel deuten.

Götterverehrung im Heiligtum

Zeus

In der griechischen Antike ist Zeus der oberste Gott und der einzige Gott, der von allen Griechen verehrt wird. Sein Name heißt so viel wie „himmlisches Licht"; das deutet darauf hin, dass er auch der Herr des Wetters ist. Deshalb wird er häufig mit Blitzen dargestellt. Hoch über den Wolken wohnt er auf dem ◎ Olymp. Bei den Römern ist sein Name Jupiter.

Zeus war nicht immer der oberste der Götter, sondern ist es erst geworden. Und das kam so: Die Eltern von Zeus waren ◎ Kronos und ◎ Rhea. Kronos war vorhergesagt worden, dass seine Söhne ihn vom Thron stürzen würden. Um das zu verhindern, verschluckt er seine neugeborenen Kinder. Ihren jüngsten Sohn, Zeus, bringt Rhea daraufhin heimlich zur Welt. Die Nacht ist so dunkel, dass Kronos seinen Sohn nicht entdecken kann. Statt des Kindes gibt Rhea ihrem Mann einen Stein, um den sie Windeln gewickelt hat, und Kronos verschlingt den Stein.

Heimlich lässt Rhea Zeus nach Kreta bringen. Seine goldene Wiege hängt so versteckt in einem Baum, dass Kronos sie weder vom Himmel noch vom Meer noch von der Erde aus sehen kann. Wenn das Baby weint, schlagen die Brüder der Rhea mit ihren Speeren gegen ihre Schilde und rufen laut, damit Kronos das Babygeschrei nicht hören kann. Zeus wird von Nymphen (siehe S. 89) großgezogen und mit Honig und Ziegenmilch ernährt.

Als er erwachsen ist, kehrt er unerkannt zu Kronos zurück. In das Honiggetränk seines Vaters mischt er Salz und Senf. Daraufhin muss Kronos sich übergeben und spuckt alle verschlungenen Kinder wieder aus. Mit Zeus als ihrem Anführer kämpfen sie gegen Kronos und die ◎Titanen. Sie befreien die ◎Kyklopen und die ◎Hundertarmigen Riesen aus der Unterwelt und machen sie zu ihren Verbündeten. Zusammen besiegen sie Kronos und verbannen ihn an den äußersten Rand der Erde oder – wie andere erzählen – in die Unterwelt.

Durch Los teilen die Söhne des Kronos die Welt unter sich auf: Zeus wird der Herr des Himmels und – obwohl er der Jüngste ist – der Herrscher der Götter, →Poseidon der Herr über Wasser und Meere und →Hades der Herrscher der Unterwelt. Die Erde und der Olymp, der höchste Berg Griechenlands, sind allen drei gemeinsam.

Zeus ist mit →Hera verheiratet, hat aber immer wieder Liebschaften mit Göttinnen und sterblichen Frauen. So wird er der Vater vieler →Halbgötter und Nymphen (siehe S. 89). Sein berühmtester Sohn ist Herakles (siehe S. 81 f.). Normalerweise hat Zeus mit sterblichen Frauen nur Söhne. Helena (siehe S. 87) ist seine einzige Tochter und die schönste Frau der Welt. Zeus liebt aber nicht nur Frauen, sondern auch den Königssohn Ganymed.

Zeus und Hera auf dem Thron,
Bauchamphora, griechisch,
500 v. Chr., Staatliche Antikensammlungen München

Auf dem Vasenbild werden Zeus und Hera in ihrer ganzen göttlichen Macht dargestellt. Man sieht sie links auf dem Bild auf ihrem Thron sitzen. Dieser ist reich verziert. Auf den Ecken des Sitzes sind Sphingen (siehe S. 95) angebracht. Zwischen den Stuhlbeinen ist das Bild zweier Ringer zu sehen. Zeus präsentiert sich als oberster der Götter. In der einen Hand hält er einen Blitz, mit dem er Zeichen geben, aber auch Menschen vernichten kann, in der anderen seinen Herrschaftsstab. Auf diesem sitzt ein Adler, der König der Vögel. Die Heiligkeit des Herrscherpaares wird dadurch hervorgehoben, dass Iris, die Götterbotin, ihnen ein Opfer darbringt. Sie ist gerade im Begriff, aus der Kanne ein Trankopfer in die Opferschale einzugießen.

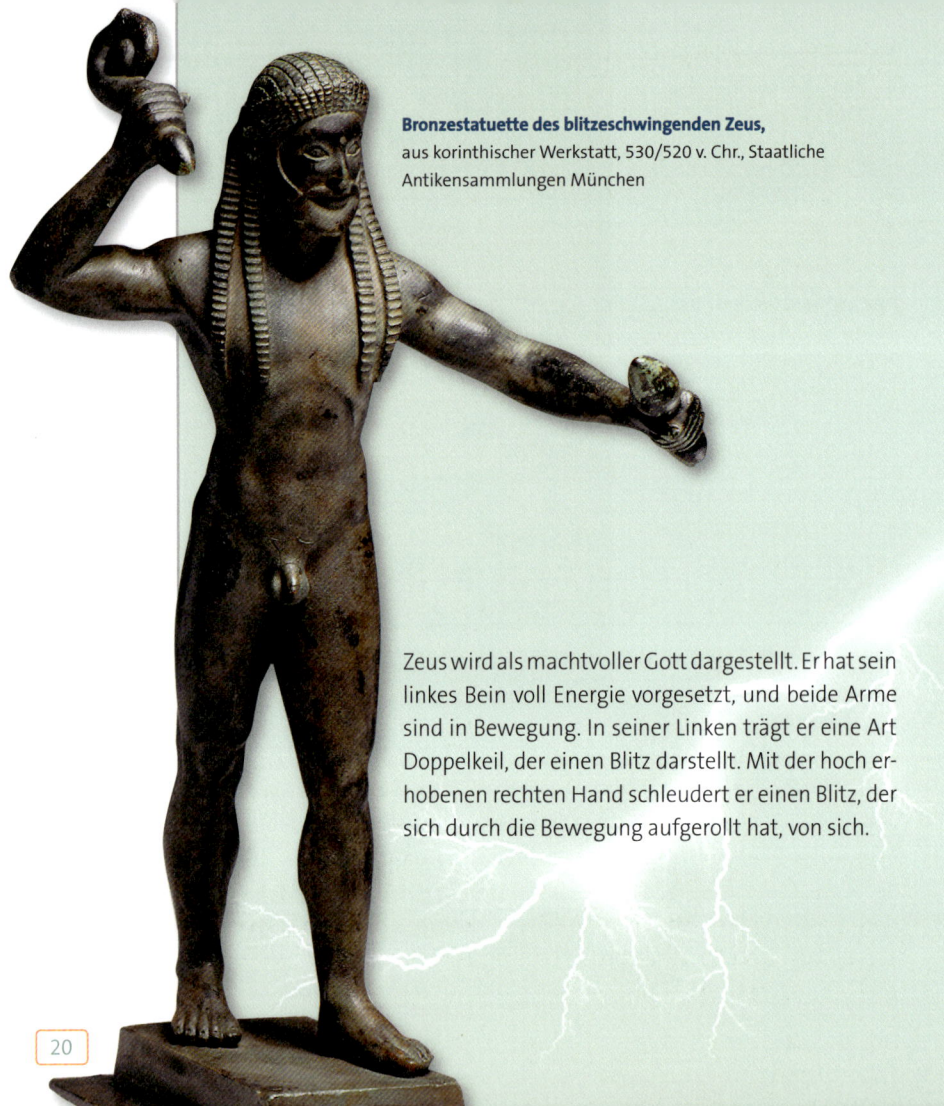

Bronzestatuette des blitzeschwingenden Zeus,
aus korinthischer Werkstatt, 530/520 v. Chr., Staatliche
Antikensammlungen München

Zeus wird als machtvoller Gott dargestellt. Er hat sein linkes Bein voll Energie vorgesetzt, und beide Arme sind in Bewegung. In seiner Linken trägt er eine Art Doppelkeil, der einen Blitz darstellt. Mit der hoch erhobenen rechten Hand schleudert er einen Blitz, der sich durch die Bewegung aufgerollt hat, von sich.

Lovis Corinth: Kindheit des Zeus, 1905/1906, Kunsthalle Bremen

In der Mitte des Bildes ist der kleine Zeus, der schreit und wild um sich schlägt. Die Nymphe, auf deren Schoß er sitzt, kann ihn offenbar nicht beruhigen. Mehrere Frauen und Männer singen und tanzen und machen laut Musik. So kann Kronos nicht hören, dass sein Sohn schreit, und ihn auch nicht finden. Ein Satyr (siehe S. 92 f.) – man erkennt ihn an den Hörnern im Haar – bringt Weintrauben für das Kind. Links im Bild steht die Ziege, von deren Milch Zeus sich ernährt. Man kann noch weitere Tiere entdecken: Hasen, einen Specht, Tauben und andere Vögel. In diesem mythologischen Bild hat der Maler Lovis Corinth seine Familie versteckt. Das schreiende blonde Kind sieht aus wie sein Sohn Thomas, die Nymphe ist seine Frau Charlotte, und er selbst ist rechts zu sehen, wie er das Becken schlägt.

Hera

Hera ist sowohl die Schwester als auch die Frau des →Zeus. Von ihrer Hochzeit werden verschiedene Geschichten erzählt. Auf der Halbinsel ◎Peloponnes liegt der Kuckucksberg, auf dem Hera sich gerne aufhält. Zeus begehrt sie. Er verwandelt sich in einen Kuckuck und wartet dort auf sie. Als Hera auf den Berg steigt, geht ein heftiges Gewitter nieder. Als Gott der Wetters kann Zeus dieses schicken. Der Kuckuck flüchtet sich vor Kälte ganz starr auf ihren Schoß. Als sie ihn zu wärmen versucht, verwandelt sich Zeus sofort wieder in seine eigene Gestalt. Er will sie zu seiner Geliebten machen, doch sie wehrt sich so lange, bis er ihr verspricht, sie zu seiner Ehefrau zu nehmen. Mit Zeus hat sie mehrere Kinder, →Ares, ◎Eileithyia und ◎Hebe, die auch alle Götter sind.

Der Name Hera bedeutet übersetzt „Herrin". Ganz besonders liegen ihr Ehe und Familie am Herzen. Sie wird als Geburtsgöttin angerufen, und sie beschützt das Leben der Frauen. Mit Eifersucht verfolgt sie die zahlreichen Liebschaften des Zeus. Besonders verhasst ist ihr Herakles (siehe S. 81 f.), da er ein uneheliches Kind des Zeus ist.

Oft wird Hera mit Krone oder Diadem oder auch mit einem Pfau dargestellt. Der prächtige Pfau ist ihr heilig und wird in ihrem Heiligtum auf der Insel ◎Samos gehalten. Im Römischen heißt sie Juno.

Hera als Himmelskönigin, weißgrundige Schale, griechisch, um 470 v. Chr., Staatliche Antikensammlungen München

Diese Darstellung der Hera als Himmelskönigin befindet sich auf der Innenseite einer Trinkschale. Daraus wurde Wein, mit Wasser vermischt, getrunken. Hera ist in ihrer Majestät als Göttin dargestellt. In ihrer Linken hält sie ein Zepter. Über ein dünnes Untergewand hat sie einen weiten, mit Borten verzierten Mantel gezogen. Zudem trägt sie eine Halskette und eine kostbare Krone. Dass die Göttermutter Hera abgebildet ist, wird durch eine Inschrift bezeugt.

Hera

Zeus verliebt sich in Io, die Tochter eines Flussgottes. Hera kommt ihm auf die Schliche und stellt ihn zur Rede. Er leugnet, eine Liebschaft mit Io gehabt zu haben. Um Io vor der eifersüchtigen Hera zu schützen, verwandelt Zeus sie in eine weiße Kuh. Hera hat die List jedoch erkannt, verlangt von Zeus die Kuh und lässt sie weit weg bringen. Als Wächter setzt sie Argos ein, einen Riesen mit hundert Augen, die über den ganzen Körper verteilt sind. Zeus gibt →Hermes den Auftrag, Io zu befreien. Aber obwohl Hermes der geschickteste aller Diebe ist, weiß er, dass es schwierig wird, von den hundert Augen des Argos nicht entdeckt zu werden. Durch sein wunderbares Flötenspiel gelingt es ihm, die hundert Augen von Argos in den Schlaf zu spielen. Er tötet Argos und befreit Io.

Auf dem Bild von Rubens liegt der tote Argos im Vordergrund. Hera (im Titel des Gemäldes wird der lateinische Name Juno benutzt) ist gekommen und setzt die hundert Augen des Argos auf die Schwanzfedern des Pfaus. So soll die Erinnerung an Argos erhalten bleiben. Io aber wird von Hera durch die ganze Welt gejagt. In Ägypten schließlich erhält sie Heras Verzeihung, wird wieder in eine Frau zurückverwandelt und bringt dort ihren Sohn Epaphos zur Welt.

Peter Paul Rubens: Juno und Argus
um 1610, Wallraf-Richartz-Museum Köln

Hochzeit von Antikleia und Laertes,
Volutenkrater, griechisch, um 420 v. Chr.,
Staatliche Antikensamm-
lungen München

Bürgerliche Hochzeit in Athen

Im antiken Griechenland wurde eine Ehe nicht geschlossen, weil ein Mann und eine junge Frau sich verliebt hatten. Wichtig war vielmehr, dass die Familien zusammenpassten, also aus derselben Gesellschaftsschicht stammten. Die Mädchen wurden im Alter zwischen 14 und 15 Jahren verheiratet. Oft kannten sie ihren zukünftigen Mann gar nicht. Stattdessen wurde die Ehe zwischen dem Bräutigam, der meist zehn Jahre älter war, und dem Vater des Mädchens abgesprochen. Geheiratet wurde in dem Monat, der der Hera heilig war (heute Januar/Februar).

Bei der Hochzeit beteten die Brautleute und ihre Familien – getrennt voneinander – zu Hera und brachten ihr Opfer. Auch das anschließende feierliche Bad von Braut und Bräutigam fand getrennt in den Häusern der Eltern statt. Anschließend weihte die Braut ihr Spielzeug der Göttin →Artemis. Am nächsten Tag fand im Haus der Braut ein feierliches Essen statt. Abends fuhren die Frischverheirateten zum Haus des Mannes. Erst im Schlafzimmer legte die Braut ihren Schleier ab. Am folgenden Tag gab es ein großes Festessen, und die Eheschließung wurde in die Listen der Bürgerschaft eingetragen.

Aphrodite

Aphrodite wird als die Göttin der Schönheit und der Liebe verehrt. Sie wird auch die Schaumgeborene genannt. Denn über ihre Geburt wird Folgendes erzählt: ◎Gaia, die Erde, ist zornig, weil ihr Mann ◎Uranos, der Himmel, nicht alle ihre gemeinsamen Kinder annehmen will. Die ◎Hundertarmigen Riesen und die ◎Kyklopen stößt er immer wieder in ihren Bauch zurück, sodass sie diese nicht gebären kann. Deshalb möchte Gaia, dass ihr Sohn ◎Kronos diese Grausamkeit rächt. Gaia gibt ihm eine Sichel aus Feuerstein. Damit schneidet er seinem Vater den Penis ab und wirft ihn ins Meer. Weißer Schaum bildet sich darum, und darin wächst ein junges Mädchen, Aphrodite. Sie schwimmt zur Insel ◎Zypern und steigt dort, schaumgeboren, aus dem Meer. Da sie noch nackt ist, wird sie bekleidet, bekränzt und geschmückt. Erst jetzt kann sie zu den olympischen Göttern aufsteigen. Alle Götter sind von ihrer Schönheit fasziniert, sie küssen sie und möchten sie am liebsten zur Frau haben.

Später bricht unter →Hera, →Athena und Aphrodite ein Streit aus, wer die schönste Göttin ist. Entscheiden soll ◎Paris, der Sohn des trojanischen Königs ◎Priamos. Jede der Göttinnen macht ein Versprechen. Hera stellt Paris in Aussicht, dass er Herrscher über das größte Land wird,

Athena verspricht ihm Weisheit und Aphrodite die schönste Frau der Welt. Paris wählt Aphrodite und bekommt als Lohn die schöne Helena (siehe S. 87). Da er diese aus Griechenland raubt und nach Troja entführt, bricht der ◎Trojanische Krieg aus.

Ihr Ehemann wird →Hephaistos, doch sie betrügt ihn mit dem Kriegsgott →Ares, mit anderen Göttern und auch mit sterblichen Männern. Begleitet wird Aphrodite häufig von →Eros, dem kleinen geflügelten Liebesgott. Im Römischen heißt sie Venus.

Aphrodite hat sich gerade gewaschen und hält ihr Gewand schon in der Hand. Der Bildhauer ◎Praxiteles, der das Original geschaffen hat, ist der erste Grieche, der es wagt, eine Göttin nackt darzustellen. Möglich ist dies nur mit Aphrodite, der Göttin der Schönheit und der Liebe. Griechische Männer waren davon so begeistert, dass sie nach ◎Knidos in Kleinasien, wo die Statue aufgestellt war, gereist sind. Sie glaubten, die Göttin selbst in ihrer Schönheit zu sehen.

Aphrodite von Knidos,
350/340 v. Chr., Glyptothek München

**Aphrodite
in einer Muschel,**
Terrakotta, griechisch,
220/180 v. Chr.,
Staatliche Antiken-
sammlungen
München

Eine andere Erzählung bringt Aphrodite mit einer Muschel in Verbindung: Nerites ist der einzige Sohn des Meeresgottes  Nereus. Da er der Schönste unter den Menschen und Göttern ist, wird er der Geliebte der Aphrodite, als sie noch im Meer lebt. Als sie in den Olymp aufsteigt, möchte sie ihn mit sich nehmen. Doch er will bei seinen Eltern und seinen zahlreichen Schwestern unten im Meer bleiben. Zur Strafe verwandelt die Göttin ihn in eine Muschel. Seitdem gibt es im Meer, an einem Felsen unter dem Wasser, eine kleine, wunderschöne Muschel.

Max Klinger hatte dieses Ölbild zur Ausschmückung einer Villa geschaffen. Das Thema und die Farben erzeugen eine heitere Stimmung: Unter einem Sonnensegel liegt die Liebesgöttin, von einer Freundin begleitet, in einer Muschel. Gezogen wird diese von zwei Pferden des Meeresgottes →Poseidon. Zur weißen Farbe der Pferde passt die Gestaltung des Meeres in Pastelltönen.

Max Klinger: Venus im Muschelwagen
1883/1884, Nationalgalerie Berlin

Aphrodite

Apollon

Apollon ist ein jugendlicher, strahlender Gott. Sein Haar leuchtet goldblond. Er ist der Gott der Heilkunst, des Lichts, der Weissagung und der Künste, insbesondere der Musik.

Seine Mutter ist Leto, eine Enkelin der ◎ Gaia, sein Vater ist →Zeus. →Hera ist rasend vor Eifersucht, als sie von dem Ehebruch ihres Mannes erfährt. Die von Zeus schwangere Leto muss daher vor Hera fliehen. Doch weder die Berge noch die Inseln Griechenlands wollen die Schwangere aufnehmen. Alle fürchten Heras Rache. Nur die kleine, unfruchtbare Insel ◎ Delos ist dazu bereit. Auf Delos bringt Leto Apollon zur Welt. Seine Zwillingsschwester →Artemis wird kurz vorher geboren. Apollon wird mit ◎ Nektar und Ambrosia, der Nahrung der Götter, gefüttert und wächst daher schnell heran. Schon kurz nach der Geburt löst er die goldenen Bänder seiner Windeln und wirft sie von sich. Später baut Apollon seinen ersten Tempel auf seiner Geburtsinsel Delos und macht die Insel weithin bekannt. Mehrere Orakelstätten sind ihm heilig, die berühmteste ist Delphi (siehe S. 14).

Bekannt ist Apollon auch als Bogenschütze. Seinen Feinden sendet er Seuchen oder Hungersnöte, oder er tötet sie mit Pfeilen. Besonders wenn die Ehre der Mutter Leto verletzt wird, treten Apollon und seine

Schwester Artemis als Rächer auf. Apollon ist zwar ein junger und schöner Gott, doch hat er bei den Frauen nicht so viel Erfolg. Als er um Kassandra, eine Tochter des trojanischen Königs ◎ Priamos, wirbt, verleiht der Gott ihr die Gabe, die Zukunft vorherzusehen. Doch als sie ihn nicht erhört, legt er einen Fluch auf sie: Sie sagt zwar immer die Wahrheit voraus, aber niemand glaubt ihr.

Apollon wird entweder mit der Leier (wie Apollon zu seiner Leier kam, siehe Seite 68 ff.) oder mit Pfeil und Bogen dargestellt. Im Römischen heißt er Apollo.

Die Leier

In Griechenland wurde die besondere Leier, auf der Apollon spielt, Kithara genannt. Es ist ein großes, vornehmes Instrument, das bei feierlichen Anlässen gespielt wurde. Der Schallkasten ist aus Holz angefertigt. Er ist hinten gewölbt und schließt vorne flach ab. Oben endet er in zwei Armen, die durch ein Querholz verbunden sind. Bis zu zwölf Saiten sind senkrecht gespannt. Die Saiten werden mit einem Plektron, einem Schlagplättchen, angeschlagen. Mit der linken Hand dämpft der Spieler die Saiten.

Schale: Apollon und Tityos,
Trinkschale, griechisch, 460/450 v. Chr.,
Staatliche Antikensammlungen München

Links im Bild ist Apollon, der mit seinem Schwert weit ausholt, um den Riesen ◎ Tityos zu töten. Apollon nimmt Rache dafür, dass Tityos versuchte, Apollons Mutter Leto zu vergewaltigen. Rechts im Bild ist Gaia, die Mutter des Tityos, zu sehen. Voll Entsetzen zieht sie ihren Schleier vor ihr Gesicht.

Apollon mit der Leier,
um 420 v. Chr., Glyptothek München

Die weit überlebensgroße Statue zeigt Apollon als Gott der Künste mit seiner Leier. Er trägt ein festliches, in vielen Falten zu Boden fallendes Gewand und über den Rücken einen Mantel. Seine Sandalen haben Plateausohlen, sodass er noch größer erscheint. Er hat langes, lockiges Haar, das sich über der Stirn aufbauscht. Die Augäpfel sind aus weißem Stein eingesetzt, die Pupillen sind nicht mehr erhalten. Noch sichtbar sind die Wimpern aus Bronze. Außerdem war die Statue bemalt.

Apollon und Daphne,
Wandrelief, Park Sanssouci, Potsdam,
Neue Kammern, Ovidgalerie

Der Name Daphne heißt übersetzt Lorbeerbaum. Daphne war die Tochter eines Flussgottes. Als Jägerin streifte sie durch die Wälder und führte ein freies Leben. Ein römischer Dichter erzählt, dass Apollon den Liebesgott →Eros wegen seiner kleinen Gestalt verspottet habe: Es sei lächerlich, dass er Pfeil und Bogen trage. Eros rächt sich, indem er auf Apollon einen goldenen Pfeil abschießt, der bei dem Getroffenen Liebe auslöst. Daphne dagegen trifft er mit einem mit Blei beschwerten Pfeil, der heftige Abneigung hervorruft. Daphne versucht vergeblich, vor dem verliebten Gott zu fliehen. Schließlich bittet sie ihren Vater, ihr eine andere Gestalt zu geben. Apollon versucht Daphne zu umarmen. Doch ihre Arme verwandeln sich schon in Äste des Lorbeerbaumes. Im Vordergrund sitzt ihr Vater, der voll Entsetzen seine Hand hebt. Auch ihre Schwestern schauen wie gebannt auf ihre Verwandlung. Apollon liebt Daphne so sehr, dass er den Lorbeerbaum zu der ihm heiligen Pflanze macht. Oft ist er mit einem Lorbeerkranz im Haar dargestellt.

Ares

Ares ist ein Sohn der →Hera und des →Zeus. Er ist der Gott des Krieges. Zeus mag seinen Sohn nicht so sehr, da dieser an Streit und Krieg allzu große Freude findet. Er ist riesengroß, nämlich siebenhundert Fuß (ca. 207 Meter). Während →Athena mehr für die kluge, vorausdenkende Kriegsführung zuständig ist, schlägt Ares brutal und bedenkenlos zu. Wenn er in der Schlacht aufschreit, ist es so laut, als ob 10 000 Krieger ihr Schlachtengeschrei anstimmen würden. Im Römischen heißt er Mars. Oft kann man ihn daran erkennen, dass er einen Helm, Speer, Schild und einen Brustpanzer trägt.

Ares ist nicht verheiratet, hat aber häufig Liebesbeziehungen. Heimlich trifft er sich mit →Aphrodite zu einem Liebesabenteuer. Doch nichts kann so heimlich geschehen, dass nicht ◎ Helios, der Sonnengott, es sehen würde. Als er die Liebschaft zwischen Ares und Aphrodite entdeckt, erzählt er davon sofort →Hephaistos, dem Gott der Schmiede. Dieser ist nämlich der Ehemann von Aphrodite. Hephaistos rächt sich für den Ehebruch: Er schmiedet kunstvolle Netze, fein wie Spinnenweben, und doch kann man sie nicht zerreißen. Diese befestigt er heimlich über dem Ehebett. Dann verkündet er laut, dass er verreisen wolle. Als Ares dies hört, eilt er sofort zu Aphrodite. Als sie zusammen im Bett liegen, fallen die Netze herab und fesseln beide, sodass sie nicht entkommen können. Hephaistos kommt und tobt. Weil er behindert sei und hinke, demütige seine Frau ihn ständig. Er werde die beiden so lange festhalten, bis er von Aphrodites Vater das Brautgeld zurückbekommen habe. Er ruft auch alle Götter herbei, damit sie diese Schande sehen. Die Götter kommen und brechen in schallendes Gelächter aus. Sie können gar nicht mehr aufhören zu lachen. Nur →Poseidon bleibt ernst. Er bittet Hephaistos, die Fesseln wieder zu lösen, und verspricht, dafür zu sorgen, dass Ares seine Schuld bezahlt.

Kopf des Ares,
430/420 v. Chr.,
Glyptothek
München

Dargestellt ist ein Mann mit langen, ein wenig unordentlichen Haaren. Es ist Ares, der Herr aller Schlachten. Er ist ein grausamer Rächer. In dem Gesichtsausdruck dieses Kopfes ist seine Brutalität nicht erkennbar. Nur der Helm verrät uns, dass es sich um den Gott des schrecklichen Krieges handelt. Sein Helm ist mit zwei Greifen geschmückt. Greifen sind Fabeltiere mit Löwenkörper und einem Vogelkopf mit steil aufgerichteten Ohren. Sie sind gefährlich und bedrohen die Menschen. Vorne am Stirnschild sind zwei Hunde abgebildet. Auch sie passen zu Ares, weil die Hunde nach dem Kampf auf das Schlachtfeld laufen und die Leichen zerfleischen.

Ares,
Amphora, griechisch, um 540 v. Chr., Staatliche Antikensammlungen München

Auf dem Vasenbild ist ein Kampf dargestellt. Herakles (siehe S. 81 f.) kämpft gegen Kyknos, einen Sohn des Ares. Jeder der beiden Kämpfer wird von einer Gottheit unterstützt: Herakles von Athena und Kyknos von seinen Vater Ares. Zeus, der in der Mitte zu sehen ist, wird den Kampf zwischen seinen beiden Söhnen Ares und Herakles beenden.

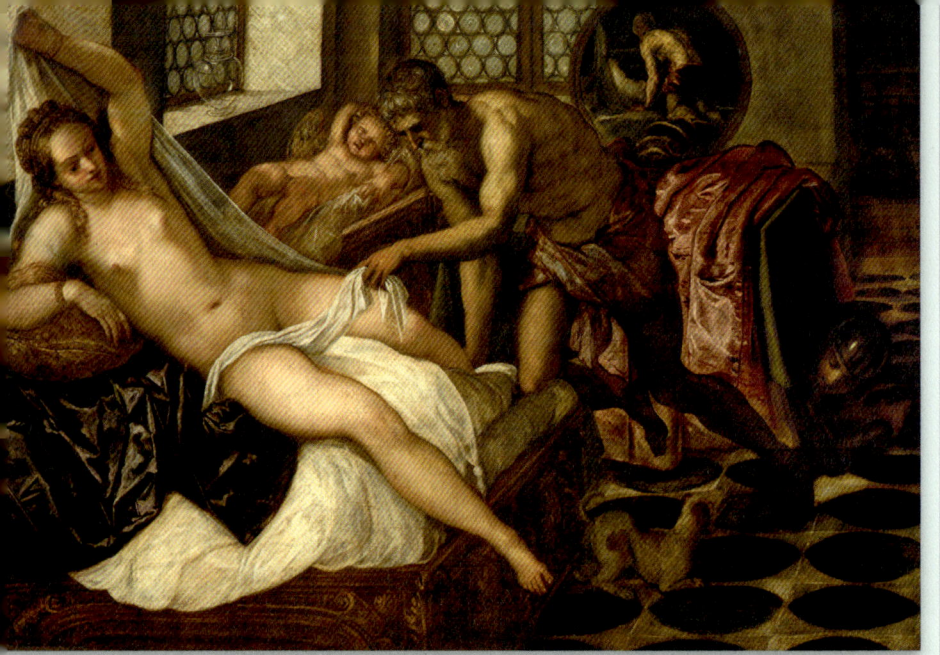

Jacopo Tintoretto: Vulkan überrascht Venus und Mars,
ca. 1555, Bayerische Staatsgemäldesammlungen – Alte Pinakothek München

Schon Homer, der früheste griechische Dichter, erzählt die Geschichte vom
Ehebruch der Aphrodite. Hephaistos hat das Liebespaar auf frischer Tat
ertappt. Aphrodite liegt noch nackt auf dem Bett. Ares hat sich unter dem
Tisch versteckt. Nur → Eros, der die Liebe beschützt, schläft ruhig in seiner
Wiege. Auf antiken Vasenbildern wird der schlafende Eros ganz ähnlich
dargestellt.

Waffen des Dendas,
Lanzenschuh, Helm und Beinschienen, griechisch, um 500 v. Chr.,
Staatliche Antikensammlungen München

Aus der Zeit um 500 v. Chr. haben sich Teile einer Rüstung erhalten. Bei dieser Art von Helm wurde der Kopf ganz eingeschlossen, und nur Augen und Mund wurden freigelassen. Oben auf dem Helm war ein Helmbusch aus Haaren oder Federn befestigt, der sich nicht erhalten hat. Von der Lanze ist nur der bronzene Lanzenschuh erhalten. Er war unten am Holzschaft angebracht und dazu da, die Lanze in den Boden zu stecken. Zugleich diente der Lanzenschuh als Gegengewicht zur Spitze, sodass die Lanze besser ins Gleichgewicht gebracht werden konnte. Ganz besonders schön gearbeitet sind die Beinschienen aus Bronze, in die der Besitzer Dendas seinen Namen hat eingravieren lassen. Knie und Unterschenkel sind naturgetreu nachgebildet. Da die Beinschienen elastisch sind, können sie über die Wade gespannt werden.

Artemis

Artemis stammt von Leto und →Zeus ab und ist die Zwillings-schwester des →Apollon. Sie wird als Erste der beiden geboren und hilft gleich anschließend ihrer Mutter bei der Geburt des Apollon. Deswegen wird sie von den Frauen als Geburtshelferin angerufen. Sie beschützt das junge Leben der Tiere und der Menschen.

Außerdem ist Artemis die Herrin der Tiere und die Göttin der Jagd. Deshalb streift sie durch die Wälder und ist von ihrem Wesen her scheu und wild. Männer dürfen sich ihr nicht nähern. Begleitet wird sie von neun jungen Mädchen. Auch diese müssen sich von Männern fernhalten. Sie leben in den Wäldern und baden in Bächen oder stillen Seen. Als die Göttin einmal in der Mittagshitze mit ihren Begleiterinnen in einer Grotte badet, kommt der Jäger Aktaion dazu und sieht die Göttin nackt. Artemis verwandelt ihn in einen Hirsch, damit er von dieser Begegnung nicht erzählen kann. Seine eigenen Jagdhunde erkennen Aktaion nicht mehr und töten ihn.

Immer wird die Göttin jung und mädchenhaft dargestellt, oft trägt sie ein kurzes Gewand. In der Hand hält sie Pfeil und Bogen. Häufig wird sie von einem Reh begleitet. Im Römischen heißt sie Diana.

Artemis und Iphigenie: Der Mythos lebt!

Die Geschichte von Iphigenie ist in der Literatur und Musik immer wieder aufgegriffen worden. Es gibt ein berühmtes Drama von dem deutschen Dichter Johann Wolfgang von Goethe, mehrere Opern und Filme sowie Musikstücke.

Iphigenies Schicksal ist mit dem ◎Trojanischen Krieg verknüpft. Als die griechischen Fürsten sich entschlossen haben, nach Troja zu segeln, um Helena zurückzuholen, verhindert eine Windstille den Aufbruch. Agamemnon, der Heerführer der Griechen, hatte nämlich bei der Jagd die Gebote der Artemis verletzt. Als Strafe verlangt sie von ihm, dass er seine älteste Tochter, Iphigenie, opfert. Agamemnon ist dazu bereit. Als das Mädchen auf dem Opferaltar liegt, tauscht Artemis sie jedoch gegen eine Hirschkuh aus und bringt sie als Priesterin nach ◎Tauris.

Auf der linken Seite des ◎Sarkophags sieht man den gefesselten Orest und seinen Freund Pylades. Orest ist Iphigenies Bruder. Ihm war vom Orakel befohlen worden, in das Land der Taurer zu fahren und die heilige Artemisstatue zu holen. Doch die Freunde werden gleich bei der Ankunft gefangen genommen und sollen der Göttin Artemis geopfert werden. Bei diesem Volk sind Menschenopfer üblich: Man sieht die abgeschlagenen Köpfe der Geopferten an den Bäumen hängen. Iphigenie führt die beiden zu der Statue der Artemis. Sie hat ihren Bruder erkannt und will mit ihm fliehen. Deshalb behauptet sie, sie müsse Orest im Meer waschen, um ihn von seinen Verbrechen zu befreien. Dort angekommen, steigen alle in ein Schiff und segeln davon. Auf der rechten Seite des Sarkophags sieht man das Schiff abfahren.

Iphigenie und Orest, steinerner Sarkophag, römisch, 130-140 n. Chr., Glyptothek München

Apollon hat sich in Marpessa verliebt und entführt sie. Der Ehemann Idas will seine Frau nicht kampflos hergeben. Er fordert Apollon zum Bogenschießen heraus. Apollon nimmt die Herausforderung an und wird von seiner Schwester Artemis unterstützt. Sie erscheint als zierliche Frau, die mit spitzen Fingern ihr Kleid hebt. Als Göttin der Jagd hat sie am Rücken einen Köcher und trägt über ihren Schultern ein Tierfell. Ihr Haar wird von einem Diadem gehalten. Begleitet wird sie von einem Reh.

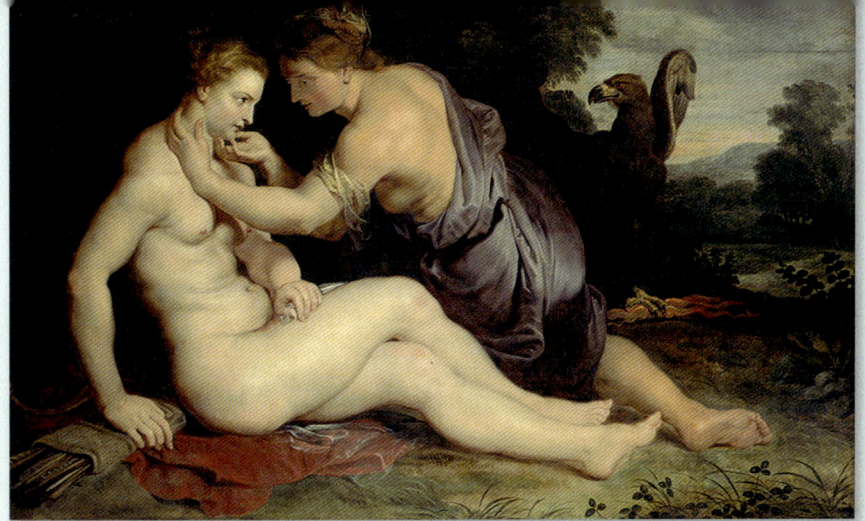

Eine der Begleiterinnen der Artemis war Kallisto. Ihr Name bedeutet „die Schönste". Auch sie hatte geschworen, jungfräulich zu bleiben. Doch Zeus verliebt sich in sie. Er nimmt die Gestalt der Göttin Artemis an und wirbt zärtlich um sie. Kallisto ist verlegen und zurückhaltend. Doch es gelingt Zeus, sie zu verführen. Dass Zeus eine andere Gestalt angenommen hat, sieht man an dem Adler, der im Hintergrund des Bildes sitzt. Er ist das heilige Tier des Zeus und hält zudem in seinen Krallen die Blitzbündel des Zeus. Daneben liegen Köcher und Jagdpfeile, wohl Eigentum der Kallisto. Kallisto wird von Zeus schwanger. Als Artemis beim Baden die Schwangerschaft entdeckt, verwandelt sie voll Zorn Kallisto in eine Bärin. Zeus versetzt seine Geliebte als Sternbild des Großen Bären, den gemeinsamen Sohn als Sternbild des Kleinen Bären an den Himmel. Bei uns heißen die beiden Sternbilder meist der Große und der Kleine Wagen.

Peter Paul Rubens: Jupiter und Kallisto, 1613, Staatliche Museen Kassel, Galerie Alte Meister

Athena

Athena ist die Göttin der Weisheit, der Künste und der klugen Kriegführung. Auch liebt sie das Handwerk und beschützt Frauenarbeiten wie Spinnen und Weben. Sie hat weder einen Ehemann, noch lässt sie sich sonst mit Männern ein. Leicht ist sie zu erkennen: Sie trägt einen Helm, einen Schild und meist auch eine Lanze. Begleitet wird Athena von einer Eule. Im Römischen heißt sie Minerva.

Ihr Vater ist →Zeus, ◎ Metis – der Name bedeutet „kluger Rat" – ist ihre Mutter. Von ihr hat sie ihren Mut und ihre Klugheit. Die Dichter erzählen von der wunderbaren Geburt der Athena: Zeus hatte Metis, die von ihm schwanger war, verschlungen. Denn er befürchtete, dass ein von ihr geborener Sohn ihm seine Stellung als oberster Gott streitig machen könnte. Als nun der Geburtstermin da ist, ist die Not groß. →Hephaistos, der Gott der Schmiede, weiß zu helfen. Mit seinem Beil spaltet er den Kopf des Zeus. Heraus springt Athena, mit goldener Rüstung und goldenen Waffen. Sogleich stößt sie ihren Kriegsruf aus. Der ist so laut und durchdringend, dass alle Götter und Göttinnen erschrecken. Der Berg ◎ Olymp erbebt. Auch das Meer tritt über die Ufer. Erst als Athena ihre Waffen ablegt, wird es wieder ruhig.

Athena ist nicht nur die Kriegsgöttin, sie ist auch die Schutzherrin der griechischen Stadt Athen. Das war sie nicht immer. Denn auch →Poseidon, der Gott des Meeres, bewarb sich darum. Jeder der beiden machte der Stadt ein Geschenk. Poseidon nahm seinen Dreizack und stieß ihn voll Kraft in die Erde. An dieser Stelle sprudelte eine Quelle hervor. Doch wenn der Gott des Meeres eine Quelle schlägt, dann kommt Salzwasser hervor. Und das können die Menschen nicht trinken. Athena schenkte der Stadt den Ölbaum. Das war ein kostbares Geschenk, da das Öl vielfältig verwendbar ist. Auch heute noch spielt der Ölbaum eine wichtige Rolle im Mittelmeerraum. Auf dem Burgberg von Athen werden noch heute der Ölbaum der Athena und die Stelle, wo Poseidon die Quelle schlug, gezeigt. Und die Stadt trägt seitdem den Namen der Göttin.

Eulen nach Athen tragen ...

Auf dem Burgberg in Athen gab es viele Eulen, genau genommen Steinkäuze. Diese Tiere waren der Athena heilig. Die Eule gilt als klug und weise. Die Athener prägten sie auf die Vorderseite ihrer Münzen. Heute ist sie auf dem griechischen 1-€-Stück zu sehen.

Athena, panathenäische Preisamphora, griechisch, um 510 v. Chr., Staatliche Antikensammlungen München

Olivenöl

Das Öl, das aus den Oliven gewonnen wird, ist sehr wertvoll. Die Ölbäume in Athen waren Athena heilig. In dieser Stadt fanden alle vier Jahre sportliche und musische Wettkämpfe statt, die ◎ Panathenäen. Die Sieger bekamen als Preis Tongefäße, die mit kostbarem Olivenöl gefüllt waren. Man konnte bis zu 150 Gefäße gewinnen, jedes gefüllt mit ca. 39,40 Litern Öl. Diese konnte man dann verkaufen.

Bei uns wird Olivenöl meist als Salatöl oder zum Kochen und Braten verwendet. In der Antike war es zusätzlich üblich, sich mit Öl einzucremen. Frauen nahmen gerne Olivenöl, das mit Rosenöl parfümiert war. Man füllte mit Öl die Öllampen und beleuchtete nachts die Räume. Und natürlich hat man damit auch Wagenräder oder Türangeln geschmiert. Das Holz des Ölbaumes ist ebenfalls verwendbar. Es ist ein festes, rotbraunes, schön gemustertes Holz, aus dem sich Gebrauchsgegenstände schnitzen lassen.

Die zweihenkligen Ölgefäße, die die Sieger der Panathenäischen Wettkämpfe bekamen, sehen immer ähnlich aus. Auf der einen Seite ist Athena als Kämpferin dargestellt, auf der anderen die Wettkampfart, für die der Preis verliehen wurde.

Athena aus dem Westgiebel des Tempels von Ägina, griechisch, 500/490 v. Chr., Glyptothek München

Die Münchner Glyptothek besitzt die Figuren der beiden Giebel des ◎Aphaiatempels von Ägina. In jedem Giebel wird ein Kampf um Troja dargestellt. Im Westgiebel sieht man links und rechts Trojaner und Griechen, die gegeneinander kämpfen. In der Mitte erscheint Athena als Schlachtenlenkerin und Beschützerin der Helden. Als Kriegsgöttin trägt sie Lanze, Schild und Helm. Auf der Brust war der Kopf der Medusa (siehe S. 96) befestigt. Leider ist er verloren gegangen. Heute sind nur noch zwei Löcher zu sehen.

Athena ist zwar mit Helm und Schild gerüstet, doch befindet sie sich nicht im Kampf. In der Hand hält sie eine hölzerne Schreibtafel, deren Innenfläche mit Wachs gefüllt ist. Dorthinein ritzt sie mit einem bronzenen Metallstift die Buchstaben. Wachstafeln benutzte man in der Antike, wenn man etwas aufschreiben wollte.

Athena, rotfigurige pseudo-panathenäische Amphora, griechisch, um 480 v. Chr., Staatliche Antikensammlungen München

Benvenuto Tisi, genannt Garofalo: Poseidon und Athena,
1512, Gemäldegalerie Alte Meister, Dresden

Zwei Personen bestimmen das Bild. Athena hält als Kriegsgöttin zwar eine Lanze in der Hand, trägt aber ein Gewand, das für die Kriegsgöttin ungewöhnlich ist. Der Stoff ist von der rechten Schulter tief nach unten gerutscht und gibt so viel von ihren Reizen frei. Poseidon als Herrscher über die Meere setzt seinen Fuß auf einen Delphin, in der rechten Hand hält er seinen Dreizack. In seinem Gesicht drückt sich Ärger aus: Athena hat ihn besiegt und ist Schutzherrin von Athen geworden. Die Stadt liegt im Hintergrund. Der italienische Maler Garofalo hat sie wie eine Stadt seiner Zeit gemalt.

Demeter

Demeter ist eine Tochter von ◎ Kronos und ◎ Rhea. Sie ist eine freundliche und gütige Göttin. Ihr Haar ist hellblond wie reifer Weizen. Als Göttin der Fruchtbarkeit sorgt sie dafür, dass Äcker Früchte tragen und Frauen Kinder bekommen. In ◎ Eleusis, einem Ort in der Nähe von Athen, wird sie gemeinsam mit ihrer Tochter →Persephone in einem ◎ Mysterienkult verehrt.

Als ihr Bruder →Hades ihre Tochter Persephone raubt, weil er sie zur Frau haben will, sucht sie diese verzweifelt. Neun Tage lang irrt sie umher und nimmt weder ◎ Nektar noch Ambrosia, die Speise der Götter, zu sich. Als sie die Wahrheit erfährt, verlässt Demeter voll Schmerz und Zorn den ◎ Olymp und geht hinab auf die Erde zu den Menschen. Sie vernachlässigt ihr Äußeres, sodass kein Mensch in ihr die Göttin erkennt. Schließlich kommt sie nach Eleusis zum Palast des klugen Königs Keleos. Als sie eintritt, erfüllt göttliches Licht den Raum. Demeter wird die Kinderfrau des Demophon, des jüngsten Sohnes im Haus. Er bekommt die Speise der Götter. Nachts hält sie ihn über die Flammen des Feuers, um ihn unsterblich zu machen. Doch eines Nachts schleicht sich die Mutter heran und sieht, was mit Demophon geschieht. Voll Angst schreit sie auf. Darauf sagt Demeter zornig, dass der Sohn sterben werde, weil sie ihn nun nicht mehr unsterblich machen könne. Ihm zu Ehren stiftet sie Wettkämpfe und einen Kult. Auch lässt sie aus Schmerz über den Verlust der Tochter kein Getreide mehr wachsen. Die Menschen hungern, und die Götter bekommen keine Opfer mehr. Vergeblich versucht →Zeus, seine Schwester zu versöhnen. Schließlich wird eine Einigung

Demeter und Kore senden Triptolemos aus,
Hydria, griechisch, 450/440 v. Chr.,
Staatliche Antikensammlungen München

Demeter will gerade den jungen Triptolemos, den Sohn des Königs Keleos, aussenden, damit er die Menschen den Ackerbau lehrt. Er sitzt in dem geflügelten Zauberwagen der Demeter und trägt, wie oft auch Demeter, einen Ährenkranz auf dem Kopf. In der Hand hält er Ähren und eine Opferschale, die Persephone gerade gefüllt hat. Demeter deutet mit der Bewegung ihrer Hand an, dass er zu den Menschen fahren soll. Er wird in seinem Wagen zur Erde hinunterfahren, die Getreidekörner aussäen und den Menschen zeigen, wie sie die Felder bestellen müssen.

erzielt. Zwei Drittel des Jahres darf Persephone bei ihrer Mutter auf der Erde verbringen. Demeter ist so glücklich, wieder mit ihrer Tochter zusammen zu sein, dass sie das Getreide wieder auf den Äckern wachsen lässt.

Im Römischen heißt Demeter Ceres. Oft wird sie mit einem Kranz aus Ähren dargestellt.

Balthasar Permoser: Ceres,
1714/1715, Zwinger, Dresden

Der große Barockbildhauer Balthasar Permoser hat im Dresdner Zwinger Götterfiguren geschaffen. Ceres ist sofort daran zu erkennen, dass sie einen Ährenkranz auf dem Kopf und einen zweiten, größeren in der Hand trägt. Neben ihr steht ein ◎ Putto, ein kleiner Junge, der eine Sichel zum Ernten des Getreides in der Hand hält.

Dionysos

Dionysos ist der Gott des Weines, der Lebensfreude und der üppig wachsenden Natur. Begleitet von Satyrn (siehe S. 92 f.), zieht er durchs Land. Satyrn haben spitze Ohren und einen Schwanz wie ein Pferd. Sie stellen den Frauen nach und trinken gerne Wein, oft auch zu viel. Zur Begleitung von Dionysos gehören außerdem Frauen, die Mänaden (siehe S. 93). Sie singen und tanzen und vergessen sich dabei. In ihrer Wildheit zerreißen sie sogar Tiere und essen das rohe Fleisch.

Zu Ehren des Gottes finden zu bestimmten Zeiten Festspiele statt, aus denen sich unser Theater entwickelt. In Griechenland steht neben dem Dionysostempel häufig das Theater, in dem Tragödien und Komödien, also ernste und lustige Stücke, gespielt werden.

Dionysos ist ein Sohn des →Zeus. Man erzählt, dass seine Mutter ◎ Semele ist. Zeus nähert sich ihr in Gestalt eines sterblichen Mannes und zeugt mit ihr ein Kind. Als sich Semele wünscht, dass er sich ihr in seiner wahren Gestalt zeigt, erscheint Zeus als Blitz vor ihr. Semele verbrennt. Zeus will das Baby retten, das noch im Bauch der Mutter ist. Er nimmt es aus dem Leib der toten Semele und näht es in seinen Oberschenkel ein. Als die Zeit der Geburt da ist, öffnet Zeus erneut seinen Oberschenkel und bringt damit das Kind auf die Welt. Eine Amme stillt den kleinen Dionysos, sein Pflegevater aber wird der weise Silen, der zu den Satyrn gehört. Im Römischen wird Dionysos Bacchus genannt. Oft kann man ihn daran erkennen, dass er einen Efeukranz, seltener auch einen Weinkranz trägt. Begleitet wird er von einem Panther.

Silen und Dionysos,
310/300 v. Chr., Glyptothek München

Der Silen hält den kleinen Dionysos in den Armen. Es ist ein liebevolles Verhältnis zwischen den beiden. Das Kind lächelt seinen Ziehvater an. An dem Baumstamm, auf den der Silen sich stützt, kann man Weintrauben und -blätter entdecken. Dies gibt dem Betrachter den Hinweis darauf, um wen es sich handelt. Denn Dionysos ist der Gott des Weines. Die Kränze, die beide tragen, sind aus Efeuzweigen gewunden. Da Efeu auch im Winter grün ist, deutet er auf die üppig wachsende Natur hin.

Dionysos fährt über das Meer,
Trinkschale, griechisch,
um 530 v. Chr., Staatliche Antikensammlungen München

Auf der Innenseite dieser welt-
berühmten griechischen Trinkschale ist Dionysos zu sehen.
Er liegt in einem Schiff, dessen
Bug wie ein Fisch geformt ist.
Das weiße Segel bläht sich im
Wind. Die Steuerruder müssen
nicht bedient werden. Um den
Mast des Schiffes windet sich
ein Weinstock, an dem zahlreiche Trauben hängen. Dionysos selbst hält in seiner Hand
ein Trinkhorn, sicher gefüllt mit
Wasser und Wein. Dass der Gott
über das Meer segelt, deuten
die Delphine an, die im Wasser
schwimmen und das Schiff umspielen. Jedes Frühjahr kommt der Gott übers
Meer nach Griechenland und bringt die Natur zum Blühen und Wachsen.

Aus solchen flachen Schalen wurde der Wein, mit Wasser gemischt, getrunken, wenn die Männer sich abends zum Essen, Trinken und Feiern trafen.

Christian Gottlieb Schick:
Bacchus und Ariadne,
1810, Staatsgalerie Stuttgart

Die Szene ist voll Bewegung. Es gibt Satyrn und Mänaden, die Musik machen und Wein trinken. Sogar ein Elefant ist zu sehen. Das Wichtigste aber geschieht in vollkommener Stille. Der Gott Dionysos steht ganz ruhig da und schaut voll Zärtlichkeit eine schlafende Frau an. Es ist ◎ Ariadne, die Tochter des Königs ◎ Minos, der auf Kreta herrscht. Dort war in einem Labyrinth der ◎ Minotauros eingesperrt. Dieses Ungeheuer mit Stierkopf und menschlichem Körper verschlang jedes Jahr vierzehn athenische Kinder. Der Held ◎Theseus war nach Kreta gekommen und hatte den Minotauros getötet. Er konnte aber nur deswegen wieder aus dem Labyrinth herausfinden, weil Ariadne ihm einen Wollfaden mitgegeben hatte, mit dem er den Weg markieren konnte. Als er von Kreta wegsegelt, nimmt er Ariadne mit, lässt sie aber auf Naxos schlafend zurück. Dorthin kommt Dionysos und macht sie zu seiner Braut. Links im Bild ist das Schiff des Theseus zu sehen, der über das Meer davonsegelt. →Eros fliegt hinterher.

Zwei Zecher,
Trinkschale, griechisch,
470 v. Chr., Staatliche Antikensammlungen
München

Luxusgewänder

Dionysos wird oft in Gewändern dargestellt, wie sie auch Frauen in der frühen Zeit Griechenlands trugen. Es sind Luxusgewänder, die ebenso Männer zu bestimmten Gelegenheiten anzogen. Die griechischen Bürger trafen sich abends zum Essen und Weintrinken. Nach dem feierlichen Essen zogen sie tanzend, singend und musizierend durch die Stadt.

Der links dargestellte Mann trägt ein knöchellanges Untergewand aus ganz feinem Stoff. Darüber hat er einen Schrägmantel, der in vielen Falten herabfällt. Auf dem Kopf trägt der bärtige Mann eine gepunktete Haube, wie sie sonst Frauen tragen. In der linken Hand hält er eine Trinkschale, die ganz offensichtlich leer ist. In der rechten hat er ein Futteral für eine Flöte und einen Stock, den Griechen aller Altersstufen benützten, wenn sie außer Haus gingen. •

Eros

Verschiedene antike Dichter erzählen uns von den Göttern, aber sie erzählen nicht immer dasselbe. So gibt es zur Herkunft des Eros unterschiedliche Geschichten. Eine davon lautet so: Am Anfang war die Nacht, und sie hatte die Gestalt eines Vogels mit großen schwarzen Flügeln. Sie wurde vom Wind schwanger und legte ein silbernes Ei. Aus diesem Ei schlüpfte ein junger Gott, Eros, der Gott der Liebe. Er war der erste unter allen Göttern. Außerdem war in der oberen Hälfte des silbernen Eis der Himmel verborgen, in der unteren die Erde. Spätere, vor allem römische Dichter erzählen, dass →Aphrodite die Mutter des Eros sei. Als Vater werden →Hermes oder auch →Ares genannt. Lange Zeit wird er als junger, schöner Mann dargestellt, später als kleines Kind mit Flügeln und Pfeil und Bogen. Die Flügel deuten an, dass die Liebe schnell verfliegt.

Eros ist ziemlich wild, und er hat Macht über Menschen und Götter: Schießt er seinen goldenen Pfeil mit der scharfen Spitze ab, so verliebt sich der Getroffene. Der bleierne, stumpfe Pfeil löst Hassgefühle aus. Das hat beispielsweise →Apollon empfindlich zu spüren bekommen (siehe S. 34).

Weil Eros so schwer zu bändigen ist, gehört er nicht zu den zwölf olympischen Göttern. Im Römischen wird er Amor oder auch Cupido genannt. Erkennen kann man ihn meist an Pfeil und Bogen. Manchmal werden auch mehrere Liebesgötter in einem Gemälde zusammen dargestellt, dann spricht man von Eroten.

Eroten, goldene Ohrringe, griechisch, spätes 4. Jahrhundert v. Chr., Staatliche Antikensammlungen München

An einer kunstvoll gearbeiteten Rosette hängt ein kleiner geflügelter Liebesgott, ein Eros. Er ist nicht als Kind, sondern als junger Mann dargestellt. In der Hand hält er eine große Leier. Eine ihrer feinen Saiten ist noch erhalten. Mit einem Plektron, einem Schlagplättchen, schlägt er die Saiten an. Eros verleiht, so glaubt man, den Frauen Schönheit. Die Trägerin der Ohrringe soll ein heiteres, sorgloses Leben genießen.

Eroten beim Morraspiel, unteritalischer Volutenkrater, griechisch, um 420 v. Chr.,
Staatliche Antikensammlungen München

Zwei Eroten sitzen sich gegenüber. Sie sind als junge Männer dargestellt. Dass
sie Liebesgötter sind, erkennt man an den großen Flügeln. Sie spielen zusammen ein Spiel, das unter Kindern sehr beliebt war: Beide strecken gleichzeitig
ihre rechte Hand vor und zeigen eine beliebige Zahl von Fingern. Dabei rufen
sie die Zahl, die sich ihrer Meinung aus der Summe der Finger beider Mitspie-
ler ergibt. Wer richtig geraten hat, gewinnt.

Lucas Cranach der Ältere:
Venus und Amor als Honigdieb,
ca. 1537, Germanisches
Nationalmuseum Nürnberg

Die Göttin der Liebe ist beinahe nackt. Statt eines Gewandes trägt sie nur einen Schleier. Doch ist sie sorgfältig frisiert und hat eine kostbare Halskette und ein Armband. Sie schaut zu Amor und hebt mahnend ihren Zeigefinger. Denn Amor hat aus einer Baumhöhle eine Bienenwabe genommen, um den süßen Honig lecken zu können. Aber die Bienen rächen sich. Sie greifen den Honigdieb an, eine Biene hat ihn gerade gestochen. Sonst ist es Amor, der Liebe oder Leid bewirkt. Doch nun muss er selbst fühlen, wie es ist, wenn einem Schmerz zugefügt wird. Die Inschrift besagt, dass kurze leidenschaftliche Liebe mit Schmerz verbunden ist.

Hades

Hades ist der Gott der Unterwelt, des Reiches der Toten. Verheiratet ist er mit →Persephone. Hades und Persephone wohnen mitten unter den Toten in einem Palast. Die Unterwelt ist eine Art Gefängnis, über das Hades streng und auch mitleidlos wacht. Von den Lebenden wird Hades fast nicht verehrt, da sich seine Macht auf das Totenreich beschränkt. Die Römer nennen ihn Orkus oder auch Pluto. Oft sitzt er auf einem Thron und hält einen Herrschaftsstab in der Hand. Manchmal begleitet ihn der Höllenhund Kerberos.

Die Unterwelt ist ein weit entfernt gelegenes Gebiet im Westen am Ende der Welt. Abgegrenzt wird sie durch Flüsse wie Styx, Lethe und Acheron, die um sie herum fließen. Wenn ein Mensch stirbt, legen die Angehörigen dem Toten ein Geldstück unter die Zunge. Mit dieser Münze kann er Charon, den Fährmann, bezahlen. Dieser setzt ihn über den Fluss über. Der Eingang in die Unterwelt wird von Kerberos, dem Höllenhund, bewacht. Er achtet darauf, dass kein Lebender in die Unterwelt kommt und kein Toter sie verlässt. Kerberos sieht schrecklich aus: Er hat mehrere Schwänze, an deren Enden Schlangenköpfe sitzen. Nach ihrem Tod sind die Menschen nur noch scheue, blutleere Schatten. →Hermes bringt sie als Seelengeleiter in die Unterwelt. Wenn er sie mit seinem goldenen Stab berührt, fliegen sie schwirrend wie Fledermäuse hinter ihm her, vorbei am Land der Träume, bis zur Asphodeloswiese, auf der grauviolette Blumen wachsen. Drei Totenrichter ( Minos, Rhadamanthys und Aiakos) entscheiden über das Schicksal der Gestorbenen. Die meisten Schatten bleiben auf der Asphodeloswiese. Doch viele der

Hades und Persephone,
unteritalischer Volutenkrater, griechisch, 340/330 v. Chr., Staatliche Antikensammlungen München

Der Palast des Hades sieht wie ein kleiner Tempel aus. Hades sitzt auf einem reich verzierten Thron. Als Herrschaftszeichen hält er ein Zepter in der Hand, das oben mit einem Vogel geschmückt ist. Persephone steht neben ihm. Das Götterpaar befindet sich offenbar in einem Gespräch. Hades' Handbewegung deutet an, dass er mit seiner Frau Persephone spricht, und sie wendet sich ihm zu.

→Halbgötter und auch besonders gerechte und fromme Menschen kommen ins Elysion, die Insel der Seligen, die von der Lethe, dem Fluss des Vergessens, umschlossen ist. Dort leben sie glücklich, ohne Erinnerung und so auch ohne Schmerzen. Im Elysion herrscht ewiger Frühling.

Es gibt aber auch den Tartaros. Er ist der tiefste Teil der Unterwelt und von der Erde genauso weit entfernt, wie diese vom Himmel. Der Tartaros ist von einer eisernen Mauer und einem Feuerstrom umgeben. Dorthin werden die, die ihre Eltern geschlagen, das Gastrecht verletzt oder einen falschen Eid geschworen haben, verbannt. Sie werden bestraft und müssen ewige Qualen erleiden.

Hans Bocksberger der Ältere: Pluto,
1542, Stadtresidenz Landshut, Göttersaal

In einem achteckigen Deckenfeld ist Pluto zu sehen. Sein sehr muskulöser Körper ist nackt dargestellt (und erinnert an den Hercules Farnese, siehe S. 83). Der Maler Hans Bocksberger hat ihm einen Zweizack in die Hand gegeben.

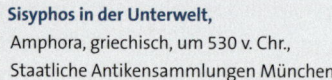

Sisyphos in der Unterwelt,
Amphora, griechisch, um 530 v. Chr.,
Staatliche Antikensammlungen München

Sisyphos in der Unterwelt

Eine berühmte Gestalt im Tartaros ist Sisyphos. Als Thanatos, der Tod, zu ihm kommt, um ihn zu holen, fesselt er ihn und wirft ihn in ein Gefängnis. Nach einer Weile merken die Götter, dass kein Mensch mehr stirbt. Daraufhin schicken sie →Ares, damit er den Tod befreit. Doch Sisyphos hat vorgesorgt: Für den Fall, dass Ares Thanatos befreien kann und Sisyphos sterben muss, soll seine Frau seinen Körper nicht beerdigen und auch keine Totenopfer darbringen. Sisyphos hat mit seinem Plan Erfolg. Denn Hades ist über die angebliche Pflichtverletzung der Frau so wütend, dass er Sisyphos die Erlaubnis gibt, in die Oberwelt zurückzukehren, um sie zu bestrafen.

Sisyphos geht zu seiner Frau zurück und lebt mit ihr noch lange Zeit. Wegen seiner gelungenen List macht er sich über die Götter der Unterwelt lustig. Doch für seine Missachtung der Götter wird er nach seinem Tod bestraft: Im Tartaros muss er einen riesigen Stein einen Berg hinaufrollen. Wenn er es fast bis zur Spitze geschafft hat, rollt der Fels wieder herunter, und er muss von Neuem beginnen.

Hephaistos

Hephaistos ist der Gott der Schmiede. Von den anderen Göttern wird er oft verspottet, weil er behindert ist, ein rußiges Gesicht hat und ein Handwerk betreibt. Ein Handwerksberuf gilt im antiken Griechenland als nicht sehr ehrenwert.

Die Mutter des Hephaistos ist →Hera, als sein Vater wird meist →Zeus genannt. Hera hatte gehofft, einen Sohn zu bekommen, der mächtiger ist als Zeus. Doch Hephaistos ist klein und schmächtig. Er hinkt mit beiden Füßen, da die Zehen nach hinten gerichtet sind. Hera versucht die Geburt zu verheimlichen und wirft das Kind ins Meer. Die Meeresgöttin ◎ Thetis und die Nymphe (siehe S. 89) Eurynome fangen ihn auf und ziehen ihn in einer Höhle beim Ozean groß. Für sie fertigt er kostbaren Schmuck an. Als er später einmal in einem Streit zwischen Hera und Zeus zu vermitteln versucht, schleudert ihn Zeus vom ◎ Olymp herunter. Wie ein Feuerrad rollt er vom Himmel zur Erde und landet auf der Insel ◎ Lemnos. Die dortigen Bewohner pflegen ihn gesund. So wird Lemnos zu seiner Lieblingsinsel, und er wird von den Inselbewohnern verehrt. Unter einem Vulkan der Insel hat der Gott auch seine Schmiedewerkstatt.

Mit seiner Kunstfertigkeit erwirbt Hephaistos sich Ruhm und Ansehen. Für Zeus schmiedet er ein Zepter, er baut den wunderschönen Wagen des Sonnengottes ◎ Helios, für →Apollon und →Eros fertigt er die

Dionysos leitet Hephaistos in den Olymp, Pelike, griechisch, um 430 v. Chr., Staatliche Antikensammlungen München

Pfeile an und für →Artemis den Bogen. Seine Erfindungsgabe ist ganz erstaunlich: So erschafft er aus Gold zwei mechanische Dienerinnen, die seine Befehle ausführen, sozusagen Vorläuferinnen von Robotern.

Im Römischen hat Hephaistos den Namen Vulkan. Meist kann man ihn daran erkennen, dass er einen Hammer und eine Zange in den Händen hält. →Aphrodite, die Göttin der Schönheit und der Liebe, ist seine Ehefrau, betrügt ihn aber häufig.

Hephaistos hat seinen Schmiedehammer über die Schulter gelegt und hält in der rechten Hand die Zange, in die ein glühendes Stück Eisen eingeklemmt ist. Er ist so betrunken, dass er nicht mehr alleine gehen kann. Deshalb stützt er sich auf einen Satyr (siehe S. 92 f.), der ihn um die Taille fasst. Vor ihm geht →Dionysos. Dionysos hat Hephaistos betrunken gemacht. Er bringt ihn in den Olymp zurück und überredet ihn, Hera zu befreien. Denn Hephaistos hat für seine Mutter einen Thron geschmiedet, von dem sie nicht mehr aufstehen kann. Das tat er aus Rache dafür, dass sie ihn nach seiner Geburt vom Olymp warf. Weil Dionysos Hera hilft, wird er unter die olympischen Götter aufgenommen. Als Preis für die Befreiung fordert Hephaistos die Ehe mit Aphrodite.

Frans Floris de Vriendt: Die Schmiede des Vulkan, 1560, Gemäldegalerie Berlin

Links im Bild sitzt eine nackte Frau. Ihre Schönheit wird durch die glatte, weiße Haut betont. Es ist Venus, die ihren Arm um den kleinen Liebesgott Amor legt. Sie ist in die Schmiedewerkstatt des Hephaistos gekommen und hat den Gott gebeten, für ihren Sohn ◎ Aeneas Waffen zu schmieden. Mit dem Rücken zum Betrachter steht Hephaistos und holt gerade mit seinem Hammer aus. In der Werkstatt sind schon fertig geschmiedete Gegenstände zu sehen, darunter ein Brustpanzer und zwei Schilde.

Hermes

Hermes ist der Götterbote. Meist hat er einen Reisehut auf, trägt in der Hand seinen Botenstab und an den Füßen geflügelte Schuhe. Er vermittelt zwischen Göttern und Menschen, beschützt die Reisenden und ist der Gott der Kaufleute, aber auch der Diebe. Im Römischen heißt er Merkur.

Die Mutter des Hermes ist Maia. Über sie wissen wir fast nichts. Ist sie eine Nymphe (siehe S. 89) oder eine Göttin? Sie wohnt in einer tiefen Höhle. Dort besucht →Zeus sie eines Nachts und zeugt mit ihr einen Sohn, Hermes. Neun Monate später bringt sie am frühen Morgen Hermes zur Welt. Noch im Lauf desselben Tages steigt er aus seiner Wiege. Auf dem Weg aus der Grotte sieht er eine Schildkröte. Er nimmt ihr den Panzer weg, befestigt daran zwei Schilfrohre und einen Querstab und spannt sieben Saiten. Damit erfindet er ein neues Musikinstrument, die Leier (siehe S. 32). Sogleich beginnt er zu spielen und dazu zu singen.

Wie ein Dieb schleicht er sich am Abend weg und findet eine große Herde von Rindern, die →Apollon gehören. Er holt fünfzig Tiere aus der Herde heraus und treibt sie rückwärts fort. So zeigen die Hufspuren in die falsche Richtung. Um seine eigenen Spuren zu verbergen, hat er sich Sohlen aus Myrtenzweigen gemacht. Zwei der Rinder schlachtet er und opfer sie den Göttern. Sich selbst bereitet er den zwölften Teil davon als Opfer, denn er nimmt es als selbstverständlich, dass er unter die unsterblichen Götter aufgenommen wird. Dann kehrt er nach Hause zurück, zieht sich seine Windeln wieder an und legt sich in die Wiege. Apollon bemerkt den Diebstahl, folgt den Spuren und kommt in die Grotte der Maia. Hermes rollt sich ganz klein zusammen und versteckt sich in den Windeln. Apollon durchsucht die Grotte, findet aber seine Rinder nicht. Dennoch beschuldigt er Hermes des Diebstahls. Aber dieser antwortet, er sei doch noch ein Baby

Hermes, Halsamphora, griechisch, 510/500 v. Chr., Staatliche Antikensammlungen München

Hermes ist in schneller Bewegung dargestellt. Er trägt den kleinen Herakles (siehe S. 81 f.) auf seinem linken Arm. Dass er durch die Lüfte fliegt, kann man daran sehen, dass an seinen Stiefeln Flügel befestigt sind. In der rechten Hand trägt er seinen Botenstab. Dieser Stab wird noch heute als Zeichen der Kaufleute verwendet.

und daher gar nicht in der Lage, Rinder zu stehlen. Apollon durchschaut die Lüge. Er weiß kein anderes Mittel, als Hermes vor Zeus zu bringen. Doch beteuert Hermes weiterhin seine Unschuld und leistet vor dem obersten der Götter einen Meineid. Zeus bricht in lautes Gelächter aus und befiehlt den beiden Halbbrüdern, sich zu vertragen. Um Apollon zu versöhnen, spielt Hermes auf der Leier und singt dazu. Apollon möchte dieses Musikinstrument unbedingt besitzen und tauscht es gegen seine fünfzig Rinder ein. Auch verspricht er ihm, dass er bei den Göttern in

Wie die Götter weiterleben

In unserem Alltag begegnen wir immer wieder den Namen der antiken Götter. Oft werden ganz andere Dinge nach ihnen benannt. Beispielsweise tragen die Planeten unseres Sonnensystems bis auf die Erde die Namen von antiken Göttern, allerdings nach ihrer römischen Bezeichnung. So heißt einer der Planeten Merkur. Er ist der kleinste und der Sonne am nächsten. Tagsüber ist es auf seiner Oberfläche bis zu 430 °C heiß, nachts bis zu -170 °C kalt.

Nach dem Gott Apollon wurde das bekannteste Raumfahrt-Projekt der USA Apollo genannt. Im Rahmen dieses Forschungsprogramms gelang am 20. Juli 1969 zum ersten Mal die Landung eines Menschen auf dem Mond. Und nach der Mondgöttin Selene (siehe S. 91) wird ein chemisches Element Selen genannt.

Der römische Name von Hermes – Merkur – ist aber auch ein verbreiteter Namensbestandteil von Zeitungen. Warum wohl?

Ansehen stehen werde, und schenkt ihm einen Botenstab mit Schlangen. Hermes wird der Götterbote und
führt die Toten in die Unterwelt. Mit seinem Stab kann
er die Menschen in Schlaf und Traum versenken.

Giambologna: Hermes,
1586, Grünes Gewölbe, Dresden

Giambologna zeigt, wie Hermes in den Olymp
hinaufliegt. Er steht nur noch auf den Zehenballen
des linken Fußes. Sein Körper, der sehr lang und sehr
schlank gebildet ist, streckt sich in einer Drehbewe-
gung in die Höhe. Auch sein Arm und sein Zeigefinger weisen nach oben, ebenso wie sein Botenstab, um den sich zwei Schlangen winden.

Hestia

Hestia ist die älteste Tochter von  Rhea und  Kronos. So wie →Athena und →Artemis lehnt auch sie die Ehe ab. Sie weist →Apollon und →Poseidon, die beide um sie werben, ab und bittet →Zeus darum, Jungfrau bleiben zu dürfen. Um ihr besondere Ehre zu erweisen, verspricht Zeus ihr, dass sie stets das erste Opfer der Menschen bekommen soll. Sie erhält als heiligen Platz die Mitte des Hauses, den Herd. „Herd" ist auch die Übersetzung ihres Namens. Sie schützt das häusliche Leben, denn im Herd brennt das wärmende Feuer, das nie verlöschen soll. Gleichzeitig ist der Herd so etwas wie ein Altar: Vor und auch nach jeder Mahlzeit wird auf ihm geopfert. Dazu gießt man als Trankopfer etwas Wein in die Flammen. Wenn ein Kind geboren worden ist, trägt es der Vater in einer feierlichen Prozession um den Herd und nimmt es so offiziell in die Familie auf.

Unter dem Schutz der Göttin stehen darüber hinaus Fremde und Menschen, die Hilfe brauchen. Ist eine Familie hartherzig oder gewährt keine Gastfreundschaft, ist die Göttin zornig.

Auch im Staat wird Hestia geehrt. Ihr Altar befindet sich in der Mitte der Stadt. Auf ihm brennt immer ein Feuer. Wenn eine Kolonie gegründet werden soll, nehmen die Bewohner, die ausziehen, das Feuer von diesem Herd mit, um es in ihre neue Heimat zu bringen.

Über Hestia werden keine besonderen Geschichten erzählt. Es gibt auch nur wenige Darstellungen von ihr. Bei den Römern wird sie mit Vesta gleichgesetzt.

Dass Hestia dargestellt ist, wissen wir nur, weil der Maler es dazugeschrieben hat. Die Göttin sitzt auf einem vornehmen Stuhl, dessen Lehne in einem Vogelkopf endet. Auch die Gewänder sind prächtig. Untergewand und Mantel sind aus einem feinen Stoff gefertigt. Deshalb fallen sie in vielen Falten. In der Hand trägt Hestia einen Blütenzweig. Dass sie Zeus gegenübersitzt, zeigt, welch hohe Stellung sie im ◎ Olymp einnimmt.

Hestia,
Trinkschale, griechisch, 520 v. Chr.,
Tarquinia, Umzeichnung

Hestia

Persephone

Persephone ist eine Tochter der →Demeter, der Göttin der Fruchtbarkeit. Oft wird sie auch einfach Kore, Mädchen, genannt. →Zeus verspricht sie seinem Bruder →Hades, dem Gott der Unterwelt, zur Frau. Doch ihre Mutter Demeter, die eine Schwester von Zeus und Hades ist, weiß nichts davon. Als Persephone gerade mit ihren Freundinnen auf einer Wiese spielt und Blumen pflückt, sieht sie vor sich eine wunderbare Narzisse. Als das Mädchen nach der Pflanze greift, öffnet sich an dieser Stelle die Erde. Hades fährt mit seinem goldenen Wagen, der von unsterblichen Pferden gezogen wird, heraus. Er hebt das Mädchen in seinen Wagen und entführt es. Sie ruft um Hilfe, doch fast keiner hört sie. Nur Demeter hört das Echo ihrer Stimme. Neun Tage sucht sie nach ihrer Tochter.

Schließlich verrät ihr ◎ Helios, der Sonnengott, dass Hades Persephone entführt hat. Persephone soll dem Gott der Unterwelt zur Frau gegeben werden. Demeter ist untröstlich und verlässt den ◎ Olymp. Erst als Zeus Demeter verspricht, dass Persephone zur Oberwelt zurückkehren darf, gibt sie nach. Hades gibt Persephone frei, doch greift er zu einem Trick. Er lässt sie einen Granatapfelkern essen. Da sie in der Unterwelt etwas gegessen hat, muss sie jeweils für ein Drittel des Jahres wieder zurückkehren. Im Winter, wenn Persephone in der Unterwelt ist, wird die Natur unfruchtbar. Persephone, als Königin der Unterwelt, wird oft mit einer Fackel in der Hand dargestellt. Im Römischen heißt sie Proserpina.

Herakles in der Unterwelt, Bauchamphora, griechisch, um 500 v. Chr., Staatliche Antikensammlungen München

Herakles (siehe S. 81 f.) soll aus der Unterwelt den Höllenhund Kerberos entführen. Es ist ihm schon gelungen, den zweiköpfigen Hund an die Kette zu legen. Er schaut zurück zu Persephone, die in ihrem Palast steht. Ihre Handbewegung zeigt, dass sie ihm erlaubt, Kerberos mitzunehmen.

Links im Bild sind die göttlichen Helfer des Halbgottes zu sehen, ohne die er das Abenteuer nicht bestehen könnte. →Hermes hat Herakles in die Unterwelt begleitet, und →Athena steht dem Helden bei.

Dargestellt ist der dramatische Augenblick der Entführung der Proserpina. Aus dem Dunklen taucht der Wagen des Hades (Pluto) auf. Der Bronzewagen, der mit löwenähnlichen Tieren geschmückt ist, wird von schnellen Pferden gezogen und fährt mit großer Geschwindigkeit heran. Hades hat Proserpina gepackt, die sich verzweifelt wehrt und ihm die Wange zerkratzt. Ihre Gefährtinnen versuchen sie festzuhalten. Sie haben ihr langes Gewand ergriffen, doch offensichtlich vergeblich. Interessant sind die Lichtverhältnisse auf dem Bild: Während die umgebende Landschaft im Dunklen liegt, fällt alles Licht auf Proserpina, die gewaltsam entführt wird.

Rembrandt: Raub der Proserpina, wohl um 1630, Gemäldegalerie Berlin

Poseidon

Wie →Hades ist auch Poseidon ein Bruder des →Zeus. Poseidon half seinem jüngeren Bruder Zeus, ihren Vater ⊚ Kronos zu besiegen. Häufig wird er als bärtiger Mann dargestellt. In der Hand hält er einen Dreizack, mit dem er das Meer aufwühlt und die Erde erbeben lässt. Er verkörpert die gewaltige und ungebändigte Macht des Meeres. Dazu passt, dass er selbst einen schwierigen Charakter hat: Er ist eigensinnig und streitet gern. Unter Wasser baut er sich einen großen Palast, in dem weiße Pferde mit kupfernen Hufen und goldenen Mähnen stehen. Sie ziehen einen goldenen Wagen, in dem er über das Meer fährt und die Stürme besänftigt. Das Pferd ist ihm heilig, zuweilen verwandelt er sich sogar selbst in eines. Im Römischen wird Poseidon mit dem Wassergott Neptun gleichgesetzt.

Er sucht nach einer Frau, die mit ihm tief unten im Meer wohnen soll. Sein Blick fällt auf Amphitrite, eine Tochter des Meeresgottes ⊚ Nereus. Er verliebt sich in sie und möchte sie heiraten. Doch Amphitrite mag ihn nicht und versteckt sich. Die Delphine verraten Poseidon, wo das Mädchen ist. Da bittet er einen Delphin, für ihn Brautwerber zu sein. Dieser überredet Amphitrite schließlich, den Gott der Meere zu heiraten. Poseidon und Amphitrite feiern eine prächtige Hochzeit. Den Delphin versetzt Poseidon aus Dankbarkeit unter die Sterne.

Poseidon und Amphitrite sitzen in einem Hochzeitswagen. Der Bräutigam hält die Zügel in der rechten Hand. Neben ihm sitzt Amphitrite. Sie ist, wie es für eine griechische Braut üblich war, verschleiert und schlägt gerade mit ihrer rechten Hand den Schleier zurück. Das göttliche Brautpaar bildet die Spitze des Hochzeitszuges. Auf der linken Seite reitet Doris, die Mutter der Braut, auf einem Pferd, dessen Hinterleib wie eine Seeschlange aussieht. Dem griechischen Hochzeitsbrauch entsprechend hält sie zwei Hochzeitsfackeln in der Hand, die Glück bringen sollen. Der Hochzeitswagen wird von zwei ◎Tritonen gezogen. Diese Meereswesen besitzen zwar einen Menschenkopf und einen menschlichen Oberkörper, doch statt Beinen Fischschwänze. Die Tritonen sorgen für die musikalische Begleitung mit einer Leier und einer Doppelflöte, die jedoch verloren gegangen ist. Brautjungfern sind die ◎Nereiden, die Schwestern der Amphitrite. Dazwischen sehen wir vier Eroten. Diese kleinen, geflügelten Liebesgötter werden häufig im Zusammenhang mit Hochzeiten dargestellt. Sie halten hier den Zaum des Seepferdes oder des Seetieres, reiten auf dem Schwanz eines Seetieres oder spielen.

Hochzeit von Poseidon und Amphitrite, Relieffries, griechisch, 100 v. Chr., Glyptothek München

Poseidon, Bronzestatuette, griechisch, um 200/150 v. Chr., Staatliche Antikensammlungen München

Der Gott wird nackt in seiner ganzen Majestät dargestellt. Sein muskulöser Körper entspricht dem griechischen Schönheitsideal. Er stützt sich mit der linken Hand auf seinen Dreizack, der auf seine göttliche Macht hinweist. Auf seinem Kopf sitzt ein Kranz aus Schilf, da er nicht nur der Gott des Meeres, sondern aller Gewässer ist. Das Gesicht ist von üppigem Haar umgeben. Über der gefurchten Stirn sind lange Lockensträhnen. Durch diese Art der Darstellung wird der Gott des Meeres charakterisiert: Er wirkt aufbrausend wie das schäumende Meer.

Der Maler Jan Gossaert lebte in einer Zeit, in der die klassische antike Kunst als vorbildlich angesehen wurde. Der Raum, den er gemalt hat, erinnert an einen griechischen Tempel. Vor der Rückwand stehen Neptun und Amphitrite. Sie stehen wie Statuen auf einem Sockel, sind aber doch lebendig. Neptun ist an dem Dreizack und an den Schnecken zu erkennen. Er hat seinen Arm liebevoll um seine Frau gelegt und fasst ihre Hand. Auch sie umarmt ihn und neigt sich zu ihm. Die Art, wie sie dastehen und wie ihr Körper geformt ist, erinnert an antike Statuen.

Jan Gossaert:
Neptun und
Amphitrite, 1516,
Gemäldegalerie
Berlin

Halbgötter

Vor dem ◎ Trojanischen Krieg gibt es in Griechenland viele Halbgötter. Diese haben einen göttlichen und einen menschlichen Elternteil. Sie sind besonders stark oder auch sehr schön. Doch müssen sie ebenso wie die Menschen sterben.

Herakles

Der berühmteste der Halbgötter ist Herakles. Er ist ein Sohn des →Zeus und der Alkmene. Schon früh zeigen sich seine besonderen Kräfte. Als →Hera aus Eifersucht zwei Schlangen in die Wiege des kleinen Kindes schickt, damit sie es töten, erwürgt Herakles beide, jede mit einer Hand. Später heiratet er die Königstochter Megara. Doch wieder verfolgt ihn Hera mit ihrem Hass. Sie lässt ihn in Wahnsinn verfallen, und er tötet seine Frau und die gemeinsamen Kinder. Daraufhin befragt er das Orakel in Delphi (siehe S. 14), wie er sich von dieser Schuld

**Herakles und
der Nemeische
Löwe,**
Bauchamphora,
griechisch,
um 520 v. Chr.,
Staatliche
Antiken-
sammlungen
München

befreien könne, und erhält den Befehl, zwölf Jahre dem König Eurystheus zu dienen. Eurystheus stellt ihm im Ganzen zwölf Aufgaben, die normalerweise unlösbar sind. Das erste Abenteuer ist der Kampf mit dem Nemeischen Löwen. Sein Fell kann weder von einem Schwert noch von Pfeilen durchdrungen werden. Herakles erwürgt den Löwen und trägt seitdem dessen Fell als Rüstung. Auch weiterhin muss er wilde Tiere besiegen und mit Riesen und Monstern kämpfen. Bei seiner vorletzten Arbeit steigt er in die Unterwelt herab, aus der sonst

Herakles' erste Aufgabe ist es, den Löwen von Nemea zu töten. Auf der Amphore sieht man ihn im Kampf mit dem Untier. Dieses versucht, mit seiner Hintertatze den Kopf des Herakles wegzudrücken. Doch Herakles ist so stark, dass er den Löwen erwürgen kann. Herakles benutzt die scharfen Krallen des Löwen, um das Fell aufzureißen, und weidet ihn aus. Bei allen weiteren Abenteuern trägt er das Löwenfell samt Kopf wie eine Rüstung. Auf Darstellungen kann man ihn daran gut erkennen.

kein Mensch lebend zurückkehrt, und bringt den Höllenhund Kerberos (siehe S. 75) mit. Als letzte Tat holt er die Äpfel der  Hesperiden.

Als er zwölf Aufgaben gelöst hat, wird er in den Olymp aufgenommen und damit unsterblich. Als Held wird er in der ganzen griechischen und römischen Welt verehrt. Im Römischen heißt er Hercules.

Hercules Farnese, um 320 v. Chr., Museum für Abgüsse Klassischer Bildwerke München

Herakles hat seine letzte Tat vollendet, indem er die Äpfel der Hesperiden geholt hat. Müde stützt er sich auf seine Keule, über der sein Löwenfell hängt. In seiner rechten Hand, die er hinter seinem Rücken verbirgt, hält er die Äpfel der Hesperiden. Im Gegensatz zu dem äußerst muskulösen Körper steht seine Körperhaltung, die zeigt, wie erschöpft er ist. Bald wird er das mühsame Leben auf der Erde hinter sich lassen und in den Olymp auffahren.

Achill

Im ◎ Trojanischen Krieg ist Achill der wichtigste Krieger der Griechen. Auch er ist ein Halbgott. Seine Mutter ist die Meeresgöttin ◎ Thetis. Da vorhergesagt worden war, dass ihr Sohn stärker sein werde als sein Vater, zwingt →Zeus Thetis, ◎ Peleus zu heiraten. Weil dieser ein Sterblicher ist, geht von dem Sohn keine Gefahr für die Götter aus. Um Achill unverwundbar zu machen, taucht Thetis ihn in den Unterweltsfluss Styx. Da sie ihn dazu an der Ferse hält, bleibt diese Stelle verwundbar. Großgezogen wird Achill von dem ◎ Kentaur Chiron. Dieser unterrichtet ihn im Jagen, Reiten und in der Musik.

Obwohl Achill noch sehr jung ist, nehmen die Griechen ihn mit in den Krieg gegen Troja. Denn sie wissen, dass sie ohne ihn Troja nicht erobern können. Zehn Jahre lang wütet der Kampf. Im letzten Jahr zieht sich Achill aus dem Kampf zurück. Er ist zornig, weil der griechische Heerführer Agamemnon ihm seine Geliebte weggenommen hat. Als Achill wieder in den Kampf eintritt, tötet er ◎ Hektor, den größten Helden der Trojaner. Seine Mutter hatte ihm vorhergesagt, dass er bald nach dem Tod Hektors selbst sterben werde. Er will lieber jung und heldenhaft sterben als ruhmlos alt werden. Die Prophezeiung tritt ein: Schon bald wird er von ◎ Paris mit der Hilfe von →Apollon getötet, der den Pfeil des Paris auf die verwundbare Ferse lenkt.

Der Vasenmaler zeigt das Ende des Zweikampfes zwischen Achill und Hektor. Achill bedrängt Hektor mit seiner Lanze. Dieser kann sich kaum mehr verteidigen, da er tödlich verletzt ist. Zwar versucht er noch, mit seinem Schwert den Angriff abzuwehren, doch kann er mit seiner linken Hand gar nicht mehr den Schild halten. →Athena, die immer für die Griechen Partei ergreift, steht zwischen den Kämpfenden und spornt Achill an. Der Tod Hektors ist ein Wendepunkt im Trojanischen Krieg.

Achill tötet Hektor, Stamnos, griechisch, um 490 v. Chr., Staatliche Antikensammlungen München

Hektors Lösung, Trinkschale des Oltos, griechisch, um 510 v. Chr., Staatliche Antikensammlungen München

Als Achill Hektor getötet hat, nimmt er die Leiche mit in sein Lager. Auf dem Vasenbild liegt Achill auf einer Liege. Vor ihm steht ein Tisch mit Fleisch und Broten. In der linken Hand hält er eine Trinkschale. Am Kopfende steht seine Geliebte und setzt ihm einen Kranz auf. Doch unter dem Tisch liegt die Leiche Hektors. Zu Füßen des Achill steht  Priamos, der alte Vater Hektors. Aus seiner Handbewegung kann man ablesen, dass er Achill um die Leiche seines Sohnes bittet. Priamos hat viele Geschenke mitgebracht. Doch Achill wendet nicht einmal seinen Kopf dem alten Mann zu. Er tut, als habe er nichts bemerkt. Ein anderer hat es längst gesehen: Der Soldat, der ganz rechts am Rand steht, ist entsetzt über das, was hier geschieht.

Helena

Mit sterblichen Frauen hat →Zeus viele Söhne, aber nur eine einzige Tochter, Helena. Er nähert sich Leda in Gestalt eines Schwanes. Das gemeinsame Kind Helena schlüpft daher aus einem Ei und kommt so ganz rein auf die Welt. Dies ist ein Zeichen für ihre Unschuld.

Im ◎Trojanischen Krieg ist Helena ein Werkzeug der Götter: Als ◎Paris sich für →Aphrodite als die schönste der Göttinnen entscheidet, bekommt er als Preis Helena, die schönste Frau der Welt. Da sie aber mit Menelaos in Sparta verheiratet ist, entführt er sie nach Troja. Helena kann sich nicht gegen ihr Schicksal wehren, obwohl ihr immer wieder bewusst ist, dass sie der Auslöser allen Unglücks ist. Der Krieg beginnt, denn die Griechen wollen Helena wieder zurückholen. Als Troja gefallen ist, nimmt Menelaos seine Frau wieder mit nach Sparta. Die beiden gehören zu den ganz wenigen, die wieder heil nach Hause zurückkommen. Nach ihrem Tod wird Helena auf die Insel der Seligen versetzt. Dies zeigt noch einmal, dass sie völlig unschuldig an dem Krieg ist. Sie ist nur ein Spielball in der Hand der Götter.

Als Troja gefallen ist, eilt Menelaos zu Helena und will sie töten. Schon hat er sein Schwert gezogen und dreht sich zu ihr um. Sie zieht den Schleier von ihrem Gesicht. Immer noch ist sie die schönste Frau der Welt. Menelaos verliebt sich wieder in sie und nimmt sie mit nach Sparta.

Menelaos und Helena,
Bauchamphora, griechisch,
um 550 v. Chr., Staatliche Antikensammlungen München

Fast alle Griechen und Trojaner sterben im Kampf oder nach dem Krieg auf der Heimfahrt. Nach dem Trojanischen Krieg vereinigen sich die Götter nicht mehr mit den Menschen. Deshalb gibt es keine Halbgötter mehr.

Naturgottheiten und Dämonen

Neben den Gottheiten, über die in diesem Buch ausführlich erzählt wird, gibt es in Griechenland und Rom auch noch viele andere Göttinnen und Götter, die verehrt werden. Die Menschen stellen sich die Natur als belebt vor. Berge, Bäume, Wiesen und Grotten werden von Naturgeistern und -göttern bewohnt. Meist stehen sie den Menschen positiv gegenüber und tun ihnen Gutes.

Besonders zahlreich sind die **Nymphen**. Das Wort bezeichnet eine junge Frau oder eine Braut. Die Nymphen leben wesentlich länger als Menschen und sind zeit ihres Lebens jung. Ein Dichter erzählt, dass sie neunmal so lange wie eine Palme leben. Wenn eine Quelle versiegt oder ein Baum abstirbt, dann stirbt auch die Nymphe. Sie sind nicht an den Ort gebunden. Sie tanzen Reigen, pflanzen Bäume und jagen das Wild. Oft ziehen sie auch Götterbabys groß. So wird beispielsweise →Zeus in seiner Kindheit von Nymphen umsorgt.

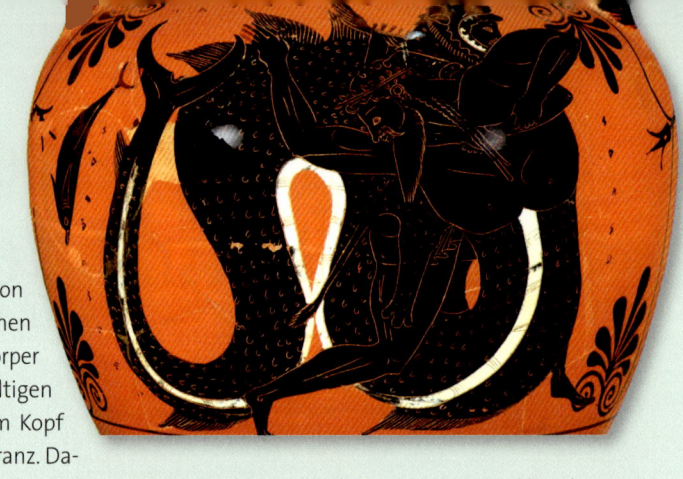

Herakles und der Triton,
Amphora, griechisch,
510/500 v. Chr.,
Staatliche Antiken-
sammlungen München

Der Meeresgott Triton hat einen menschlichen Oberkörper, der Unterkörper endet in einem gewaltigen Fischschwanz. Auf dem Kopf trägt er einen Myrtenkranz. Damit wird darauf hingewiesen, dass er ein vornehmer, würdiger Gott ist. Herakles, den man an seinem Löwenfell erkennt, umklammert den Gott mit aller Kraft. Triton versucht den Griff zu lockern. Herakles wird den Gott nicht töten. Angedeutet wird es dadurch, dass Herakles nur auf den Zehenspitzen steht und keinen festen Halt findet. Dass dieses Ringen im Meer stattfindet, zeigt uns der Vasenmaler durch den Delphin, der links schwimmt.

Flüsse werden meist mit **Flussgöttern** gleichgesetzt und an den Orten, wo die Flüsse fließen, verehrt. Geopfert werden ihnen besonders Stiere. Manche stellt man sich auch mit einem Stierkopf vor.

Die Meere werden von **Meeresgöttern** bewohnt. ◉ Triton ist ein Sohn von →Poseidon und Amphitrite. Sein goldener Palast steht in der Nähe des Tritonischen Sees, der im heutigen Libyen liegt. Als Herakles (siehe S. 81 f.) die Äpfel der ◉ Hesperiden holen soll, begegnet er Triton und kämpft mit ihm. Warum, wissen wir nicht genau. Wahrscheinlich will er von ihm eine Auskunft über den Weg zu den goldenen Äpfeln erhalten.

Naturgottheiten und Dämonen

So wie das Meer stellt man sich auch den Himmel belebt vor. Die **Mondgöttin** heißt Selene. Oft wird sie mit einem Halbmond über der Stirn dargestellt. Am bekanntesten ist die Geschichte ihrer Liebe zu Endymion, einem schönen jungen Mann. Mit ihm hat sie fünfzig Töchter. Da sie nicht will, dass er alt wird und schließlich stirbt, bittet sie Zeus, ihn in ewigen Schlaf zu versetzen. So muss er nicht altern. Er liegt in einer Grotte des Berges ◎ Latmos und bleibt immer schön. Dort besucht die Göttin ihn jede Nacht. Die Römer nennen die Mondgöttin Luna.

Wir erkennen Selene an dem Halbmond über der Stirn. Sie fährt auf ihrem Wagen stehend zu einer Grotte, in der ihr Geliebter Endymion schläft. Über ihn beugt sich Hypnos, der Schlaf, und träufelt Endymion Mohn, der einschläfernde Wirkung hat, in den Mund.

Selene und Endymion, steinerner ◎ Sarkophag, römisch, um 180 n. Chr., Glyptothek München

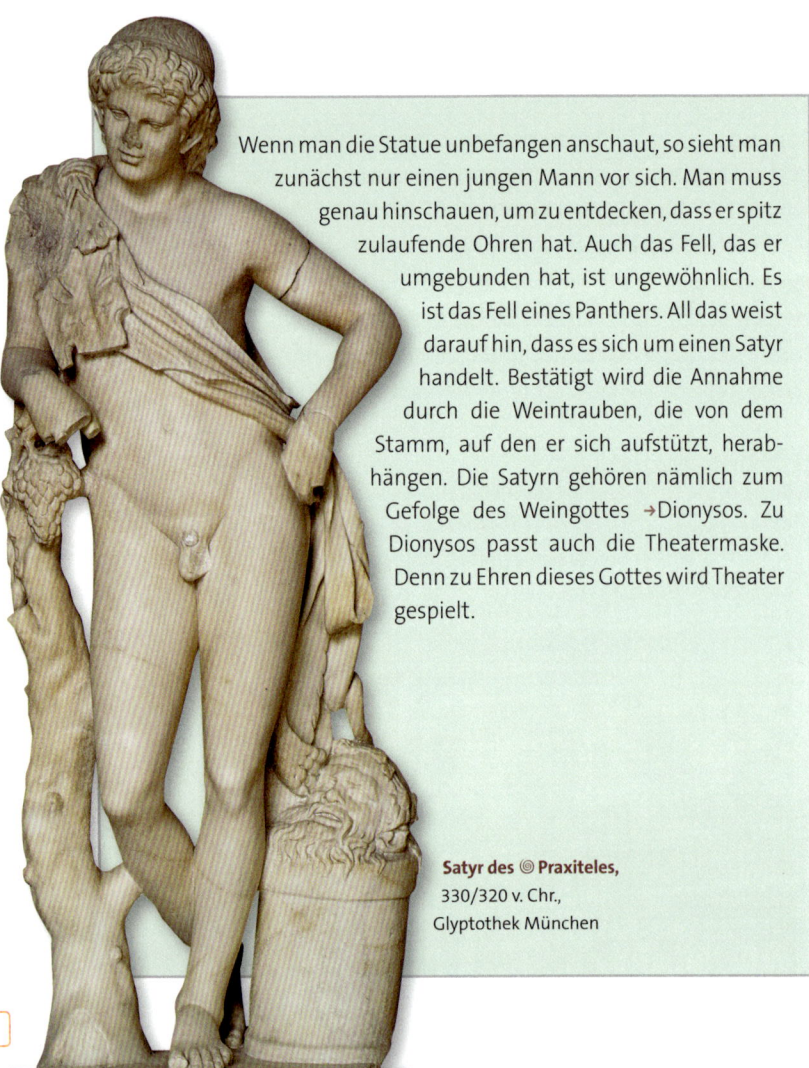

Wenn man die Statue unbefangen anschaut, so sieht man zunächst nur einen jungen Mann vor sich. Man muss genau hinschauen, um zu entdecken, dass er spitz zulaufende Ohren hat. Auch das Fell, das er umgebunden hat, ist ungewöhnlich. Es ist das Fell eines Panthers. All das weist darauf hin, dass es sich um einen Satyr handelt. Bestätigt wird die Annahme durch die Weintrauben, die von dem Stamm, auf den er sich aufstützt, herabhängen. Die Satyrn gehören nämlich zum Gefolge des Weingottes →Dionysos. Zu Dionysos passt auch die Theatermaske. Denn zu Ehren dieses Gottes wird Theater gespielt.

Satyr des ◎ Praxiteles,
330/320 v. Chr.,
Glyptothek München

Satyrn gehören zum Gefolge des Dionysos. Sie haben Spitzohren und Schwänze wie Pferde. Meist werden sie hässlich dargestellt mit einer wulstigen Stirn und einer Knollennase. Sie stellen den Frauen nach und trinken gerne Wein, oft auch zu viel. Wenn sie älter sind, nennt man sie Silene. Diese sind meist vernünftiger und freundlicher.

Mänaden sind Frauen, die Dionysos auf seinem Zug begleiten. Der Name bedeutet „die Rasenden". Ihre Wildheit sieht man darin, dass sie Reh- oder Pantherfelle überziehen und manchmal auch Schlangen bei sich haben. Auf dem Kopf tragen sie Kränze aus Efeu- oder Eichenlaub. Schön gekleidet, feiern sie mit Gesang, Musik und wildem Tanz. Dabei halten sie einen riesengroßen Fenchelstängel, um dessen Spitze Efeublätter gebunden sind, in der Hand. Begleitet werden sie von Flöten und Handtrommeln. Gegen die Satyrn, die ihnen oft nachstellen, können sie sich mühelos zur Wehr setzen.

Mänade,
Trinkschale, griechisch, um 490/480 v. Chr., Staatliche Antikensammlungen München, Detail siehe nächste Seite

Mänade,
Trinkschale (Detail), griechisch, um 490/480 v. Chr.,
Staatliche Antikensammlungen München

Die Mänade ist in einer rauschhaften Bewegung gezeigt. Eine züngelnde Schlange windet sich in ihrem Haar zu einem Reif. Sie hat nicht nur über die Schultern ein Pantherfell gelegt, sondern einen lebendigen Panther am Hinterbein gepackt.

Naturgottheiten und Dämonen

Die **Sphinx** ist ein geflügeltes Ungeheuer mit dem Kopf eines Mädchens, dem Körper eines Löwen und Adlerflügeln. Das Wort Sphinx bedeutet „Würgerin". Sie bringt Unheil über die Menschen, wird aber auch oft als Wächterin angesehen. So sitzt sie neben dem ◎ Aphaiatempel auf Ägina auf einer hohen Säule und bewacht den Tempelbezirk.

Ödipus und die thebanische Sphinx, Amphora, griechisch, um 430 v. Chr., Staatliche Antikensammlungen München

Am berühmtesten ist die Geschichte der Sphinx von ◎ Theben. Auf einem Felsen sitzend, lauert sie den Wanderern auf und stellt ihnen ein Rätsel: „Was geht am Morgen auf vier Füßen, am Mittag auf zwei und am Abend auf drei?" Wer das Rätsel nicht lösen kann, wird getötet. ◎ Ödipus kann das Rätsel lösen: Es ist der Mensch, der als Baby auf allen vieren krabbelt, als Erwachsener auf zwei Beinen geht und als alter Mensch einen Stock benützt. Daraufhin stürzt sich die Sphinx in den Abgrund.

Ganz am Ende der Welt, dort wo die Nacht beginnt, hausen die Gorgonen in einer Höhle. Sie sind unsterblich, bis auf eine, **Medusa**. Der griechische Held Perseus hat den Auftrag bekommen, ihr den Kopf abzuschlagen. Das ist aber sehr schwierig, da ihr Blick versteinert und man ihr deshalb nicht in die Augen schauen darf. Doch Perseus ist von den Göttern gut ausgestattet worden. Er hat Flügelschuhe an, mit denen er durch die Lüfte eilen kann, und sein Hut macht ihn unsichtbar. Um Medusa zu besiegen, greift er zu einem Trick. Er benutzt seinen blank polierten Schild wie einen Spiegel und schlägt ihr den Kopf ab. Doch die versteinernde Wirkung ihres Blickes besteht weiterhin. Er verstaut den Kopf in einer großen Tasche und flieht vor den Schwestern der Medusa. →Athena bekommt den Kopf geschenkt und trägt ihn wie eine Wunderwaffe auf ihrer Brust.

**Gorgonen-
haupt,**
Teller,
griechisch,
um 570 v. Chr.,
Staatliche
Antiken-
sammlungen
München

Der Kopf der Medusa wird ganz verschieden dargestellt. In der frühen Vasenmalerei hat sie ein fratzenhaftes, abschreckendes Gesicht. Auf dem Teller hat die Medusa einen Bart und weit vorstehende Eckzähne, große Ohren und eine breit gequetschte Nase. Ihre Zunge lässt sie weit heraushängen.

Medusa Rondanini,
um 440 v. Chr.,
Glyptothek München

Der Marmorkopf dagegen zeigt ein weibliches, auf den ersten Blick schönes Gesicht. Bei längerem Betrachten merkt man jedoch, dass es maskenhaft starr ist. Der Bildhauer hat beide Gesichtshälften genau gleich gestaltet, die Augen stehen weit auseinander. Dadurch wirkt das Gesicht leblos und unheimlich. Dass es der Kopf der Medusa ist, erkennt man an den Schlangen. Man erzählte sich nämlich, dass aus den Haaren der Medusa Schlangen hervorwachsen. Zwei Schlangen sind unter ihrem Kinn verknotet. Unter den Flügeln, die aus den Haaren herauswachsen, züngeln ebenfalls Schlangenköpfe hervor. Diese sind kaum mehr sichtbar, da sie größtenteils abgebrochen sind.

Namen und Begriffe

Aeneas

Als Sohn der Göttin Aphrodite und des sterblichen Mannes Anchises ist Aeneas ein Halbgott. Er ist einer der größten Helden der Trojaner im Trojanischen Krieg. Da er sich nicht gegen die Götter versündigt, darf er überleben. Nach langen Irrfahrten kommt er an die Küste Italiens und wird zum Stammvater der Römer.

Aphaiatempel

Der Aphaiatempel ist ein früher griechischer Steintempel (500–490 v. Chr.). Die Bewohner der Insel Ägina errichteten ihn zu Ehren der Nymphe Aphaia.

Ariadne

Ariadne ist eine Tochter des sagenhaften Königs Minos von Kreta. Als Theseus das Labyrinth betreten will, gibt sie ihm einen Wollfaden. Theseus legt den Faden als Markierung aus und kann so wieder den Rückweg finden.

Augustus

Augustus (63 v. Chr. bis 14 n. Chr.) ist der erste Kaiser in Rom. Unter seiner Regierung erleben Kunst und Wissenschaft eine besondere Blüte.

Delos

Delos ist eine der Kykladeninseln im Ägäischen Meer.

Dreifuß

Wie der Name sagt, handelt es sich um ein Gefäß mit drei Füßen bzw. ein dreifüßiges Untergestell, auf das ein Kessel gesetzt wird. Da ein Dreifuß wertvoll ist, wird er oft den Göttern geweiht. Die Pythia des Orakels von Delphi sitzt auf einem Dreifuß.

Eileithyia

Eileithyia ist die Göttin der Geburt. Sie bewirkt, dass Frauen ihre Kinder zur Welt bringen können. Zweimal jedoch verhindert Hera dies. So kann Alkmene Herakles zunächst nicht gebären. Und als Leto Artemis und Apollon zur Welt bringen soll, hält Hera Eileithyia von ihr fern.

Eleusis

Eleusis liegt nordwestlich von Athen. Dort fanden geheime Kultfeiern für Demeter und Persephone statt.

Gaia

Gaia ist eine der ersten Gottheiten. Sie geht aus dem Urchaos hervor und bringt im Schlaf ihren Sohn Uranos zur Welt. Dieser besprüht sie mit Regen. Daraus entstehen Gras, Blumen, Bäume, Vögel und andere Tiere. Gemeinsam haben sie mehrere Kinder: die Titanen und Titaninnen, die Kyklopen und die Riesen mit den hundert Armen.

Hebe

Hebe ist die Tochter der Hera und des Zeus. Auf dem Olymp schenkt sie den Göttern die Getränke ein. Als Herakles in den Olymp aufgenommen wird, bekommt er Hebe zur Frau.

Hektor

Hektor ist der älteste Sohn des Königs Priamos und der tapferste Krieger der Trojaner.

Helios

Der Sonnengott Helios fährt seinen goldenen Wagen jeden Tag über den Himmel. Morgens besteigt er seinen Wagen im Osten und lenkt ihn in einem weiten Bogen nach Westen. Wenn die Sonne untergegangen ist, steigt er in einen großen goldenen Becher und fährt auf dem Okeanos-Strom zurück.

Hesperiden

Die Hesperiden sind die Töchter des Titanen Atlas. Sie bewachen einen Baum mit goldenen Äpfeln. Dabei hilft ihnen eine Schlange namens Ladon.

Hundertarmige Riesen

Es gibt drei Riesen mit fünfzig Köpfen und hundert Armen. Sie helfen Zeus und seinen Geschwistern im Kampf gegen die Titanen.

Kentauren

Kentauren haben Kopf und Arme eines Menschen, aber einen Pferdekörper.

Knidos

Knidos ist eine Hafenstadt im Südwesten Kleinasiens in der heutigen Türkei.

Kronos

Kronos ist der jüngste Sohn von Gaia und Uranos. Er hilft seiner Mutter, Rache an dem verhassten Vater Uranos zu nehmen. Danach übernimmt er die Herrschaft. Auf ihn folgt schließlich die Herrschaft des Zeus.

Kyklopen

Drei Riesen, die nur ein Auge habe, werden Kyklopen, „die Rundaugen", genannt. Sie sind Kinder von Gaia und Uranos. Als Zeus Kronos stürzt, helfen sie ihm. Sie sind geschickte Schmiede und fertigen für Zeus Donnerkeile und Blitze an.

Latmos

Das Latmosgebirge liegt an der Westküste der heutigen Türkei, am Ägäischen Meer.

Lemnos

Lemnos ist eine größere griechische Insel im nördlichen Teil der Ägäis.

Metis

Metis ist eine Titanin und die Göttin des klugen Rates. Als Zeus sie zu seiner Geliebten machen will, versucht sie sich zu entziehen, indem sie verschiedene Gestalten annimmt. Doch Zeus tut ihr Gewalt an und zeugt mit ihr Athena.

Minos

Minos ist ein Sohn des Zeus und der Europa. Er herrscht als König über Kreta.

Minotauros

Pasiphaë, die Frau des Königs Minos, vereinigt sich mit einem Stier. Aus dieser Verbindung geht der Minotauros hervor, ein Mann mit einem Stierkopf. Da er ein Ungeheuer ist, wird er in ein Labyrinth eingesperrt.

Mysterienkult

Mit Kult wird die Verehrung der Götter bezeichnet. Manchmal wurden die genauen Formen des Opfers und der Gebete geheim gehalten. Nur ein bestimmter Kreis von Personen durfte davon wissen.

Nektar und Ambrosia

Nektar und Ambrosia sind die Speisen der Götter und Göttinnen. Unter Nektar stellt man sich ein honigsüßes Getränk vor, das Wort Ambrosia meint die Unsterblichkeit. Eigentlich brauchen die Götter keine Nahrung. Bei diesen Götterspeisen denkt man eher daran, dass die Götter ein sorgenfreies, ewiges Leben haben. Auch den Geruch, der mit dem Rauch der Tieropfer aufsteigt, lieben die Götter.

Nereiden

Sie sind die Töchter des Nereus und der Doris und begleiten die Meeresgöttin Thetis. Wenn ein Schiff untergeht, beschützen sie die Schiffbrüchigen.

Nereus

Der Meeresgott Nereus ist ein Sohn der Gaia. Zusammen mit seiner Frau Doris hat er fünfzig Töchter, die Nereiden. Mit ihnen wohnt er in der Ägäis. Er kann seine Gestalt verändern und besitzt die Fähigkeit, die Zukunft vorherzusagen.

Olymp

Der Olymp ist der höchste Berg Griechenlands. Auf ihm gibt es zwölf Wohnungen für die Götter, die sich dort treffen und miteinander speisen.

Ödipus

Als Ödipus geboren wird, war seinen Eltern vorausgesagt worden, dass er seinen Vater töten und seine Mutter heiraten werde. Deswegen setzen sie das Baby aus. So wird Ödipus von Zieheltern großgezogen. Auf dem Weg nach Theben trifft er zufällig auf seinen leiblichen Vater, den er jedoch nicht erkennt. Ödipus gerät in Streit mit ihm und tötet ihn. Vor Theben löst er das Rätsel der Sphinx und erhält dafür von den Thebanern die Königin von Theben zur Frau. Damit heiratet er – ohne es zu wissen – seine Mutter.

Panathenäische Wettkämpfe

Alle vier Jahre wurden in Athen vier Tage lang im Juli die großen Panathenäen gefeiert. Es waren Festlichkeiten mit Opfern und sportlichen Wettkämpfen.

Paris

Paris ist ein Sohn des trojanischen Königs Priamos. Er wählt Aphrodite als die schönste Göttin und erhält als Belohnung Helena, die schönste Frau der Welt. Deren Raub ist der Auslöser für den Trojanischen Krieg.

Peleus

Peleus ist ein Sohn des Aiakos, des Königs von Ägina, und ein Enkel von Zeus. Er heiratet in zweiter Ehe Thetis. Ihr gemeinsamer Sohn ist Achill.

Peloponnes

Die Peloponnes ist eine große Halbinsel, die im Süden des griechischen Festlandes liegt.

Praxiteles

Praxiteles war einer der bedeutendsten Bildhauer der griechischen Klassik. Er starb 320 v. Chr. Sein berühmtestes Werk ist die Aphrodite von Knidos.

Priamos

Priamos herrscht als alter König über Troja, als der Trojanische Krieg ausbricht.

Putto

„Putto" geht auf ein italienisches Wort zurück, das einen kleinen Jungen bezeichnet. Meist haben Putti Flügel und sind ganz oder fast nackt.

Rhea

Rhea ist eine Tochter von Uranos und Gaia und eine der Titaninnen. Sie hat mit Kronos sechs göttliche Kinder: Hestia, Demeter, Hera, Hades, Poseidon und Zeus.

Samos

Die griechische Insel Samos liegt im Osten der Ägäis.

Sarkophag

Wörtlich übersetzt bedeutet das griechische Wort Sarkophag „Fleischfresser". Bezeichnet wird damit ein meist mit (Relief-)Bildern geschmückter Sarg aus Stein.

Semele

Semele ist die Tochter des Kadmos, des Königs von Theben.

Tauris

Meist wird Tauris mit der Halbinsel Krim im Schwarzen Meer gleichgesetzt.

Theben

Theben liegt nordwestlich von Athen in der Landschaft Böotien.

Theseus

Theseus ist einer der großen griechischen Helden. Er nimmt an vielen Abenteuern teil. So zieht er mit Herakles in den Kampf gegen die Amazonen. Seine bekannteste Tat ist die Tötung des Minotauros.

Thessalien

Die Landschaft Thessalien liegt südlich von Makedonien und nördlich von Mittelgriechenland.

Thetis

Thetis ist eine der fünfzig Töchter des Meeresgottes Nereus und der Mutter Doris. Sie gilt als die schönste der Nereiden. Ihren Sohn Achill liebt sie über alles, kann ihn aber nicht vor dem Tod bewahren.

Titanen

Die Titanen sind die Kinder von Gaia und Uranos. Sie sind ein mächtiges Göttergeschlecht, das von Zeus und seinen Geschwistern in einem schweren Kampf besiegt und gestürzt wird.

Zu den Titanen zählen unter anderen Kronos und Rhea, Okeanos und Tethys.

Tityos

Es wird erzählt, dass Zeus der Vater des Riesen Tityos sei. Als dieser versucht, Leto zu vergewaltigen, ist Zeus damit einverstanden, dass Apollon Rache nimmt. Tityos wird im Tartaros hart bestraft. Arme und Beine werden am Boden festgenagelt, und zwei Geier fliegen herbei, die seine Leber fressen.

Triton

Triton ist der Sohn des Poseidon und der Amphitrite. Als Tritonen werden oft auch männliche Meereswesen bezeichnet, die einen menschlichen Oberkörper und statt der Beine einen oder zwei Fischschwänze haben.

Trojanischer Krieg

Gaia, die Mutter der Erde, klagt bei ihrem Enkel Zeus, dass die Halbgötter eine unerträgliche Last für sie geworden sind, weil sie sich gegen Götter und Menschen versündigen. Zeus beschließt, dass der Trojanische Krieg ausbrechen soll, in dem alle diese Helden kämpfen werden. Anlass für den Krieg ist der Streit zwischen den Göttinnen Hera, Athena und Aphrodite, von denen jede beansprucht, die Schönste zu sein. Auf Zeus' Befehl hin entscheidet Paris den Streit. Er wählt die Liebesgöttin Aphrodite und bekommt als Preis Helena, die schönste Frau der Welt. Da sie bereits verheiratet ist, raubt er sie ihrem Mann und entführt sie nach Troja. Daraufhin rüsten alle griechischen Fürsten ihre Schiffe und segeln nach Troja. Zehn Jahre lang wütet der Kampf. Im letzten Jahr kommt es zu einem Zweikampf zwischen Achill und Hektor, in dem Hektor, der größte Held der Trojaner, stirbt. Doch schon bald tötet Paris mit der Hilfe von Apollon

Achill. Erobert werden kann Troja nur durch eine List. Die Griechen bauen ein hölzernes Pferd, in dessen Bauch sie einen Teil ihrer Krieger verstecken. Die Trojaner denken, dass das Pferd ein Geschenk für die Götter ist, und ziehen es in ihre Stadt. Nachts steigen die Bewaffneten aus dem Pferd und erobern die Stadt. Sie töten fast alle Männer und zerstören Troja. Fast alle griechischen und trojanischen Helden sterben im Kampf oder nach dem Krieg auf der Heimfahrt.

Uranos

Die gemeinsamen Kinder von Uranos und Gaia sind die Titanen und Titaninnen, die Kyklopen und die Riesen mit den hundert Armen.

Zypern

Zypern ist die drittgrößte Insel des Mittelmeers und liegt in dessen östlichem Teil.